Uni-Taschenbücher 1728

W0235551

Eine Arbeitsgemeinschaft der Verlage

Wilhelm Fink Verlag München
Gustav Fischer Verlag Jena und Stuttgart
Francke Verlag Tübingen und Basel
Paul Haupt Verlag Bern · Stuttgart · Wien
Hüthig Verlagsgemeinschaft
Decker & Müller GmbH Heidelberg
Leske Verlag + Budrich GmbH Opladen
J. C. B. Mohr (Paul Siebeck) Tübingen
Quelle & Meyer Heidelberg · Wiesbaden
Ernst Reinhardt Verlag München und Basel
F. K. Schattauer Verlag Stuttgart · New York
Ferdinand Schöningh Verlag Paderborn · München · Wien · Zürich
Eugen Ulmer Verlag Stuttgart
Vandenhoeck & Ruprecht in Göttingen und Zürich

Matthias Luserke

J. M. R. Lenz

Der Hofmeister · Der neue Menoza · Die Soldaten

Wilhelm Fink Verlag · München

Meinen Töchtern!

Die Deutsche Bibliothek – CIP-Einheitsaufnahme

Luserke, Matthias:
J. M. R. Lenz: Der Hofmeister – Der neue Menoza – Die
Soldaten / Matthias Luserke. – München: Fink, 1993
   (UTB für Wissenschaft: Uni-Taschenbücher; 1728)
   ISBN 3-8252-1728-0 (UTB)
   ISBN 3-7705-2834-4 (Fink)
NE: UTB für Wissenschaft / Uni-Taschenbücher

Gedruckt auf umweltfreundlichem, chlorfrei gebleichtem Papier

© 1993 Wilhelm Fink Verlag GmbH & Co. KG
Ohmstraße 5, 8000 München 40
ISBN 3-7705-2834-4

Printed in Germany
Einbandgestaltung: Alfred Krugmann, Freiberg am Neckar
Herstellung: Ferdinand Schöningh GmbH, Paderborn

UTB-Bestellnummer: ISBN 3-8252-1728-0

Inhaltsverzeichnis

Statt eines Vorworts:

Dank Gerhard Sauder, dem Mentor der Saarbrücker Sturm-und-Drang-Forschung, für vielfache Anregungen –

Dank Christoph Weiß, dem unermüdlichen Mitstreiter nicht nur in Sachen Lenz –

Dank Reiner Marx, dem Thesenschleifer, für unzählige Poststrukturalismusdebatten –

Dank Renate Glaser und Peanut, die wissen, wofür –

Dank Julia Webert, für ihre Unterstützung während der Darmstädter Gastsemester –

und

Dank Sarai und Rahel für ihr Lachen, trotz allem.

Saarbrücken, im März 1992

1 Einleitung. Leidenschaftlich aufgeklärt – Jakob Michael Reinhold Lenz, der Sturm und Drang und die Aufklärung

In einer Variante zur Eingangsszene seines dramatischen Fragments *Die Kleinen* von 1775/76 schreibt Jakob Michael Reinhold Lenz (1751–1792):

Ach ihr großen aufgeklärten Menschen, wenn ihr wüßtet wie es in dem kleinen engen Zirkel der Gedanken jener Unterdrückten aussieht, denen ihr ihn immer weiter einschränkt, wie schwach und ohnmächtig jeder Entschluß, wie dunkel und traurig jede Vorstellung.

Was Wunder daß sie sich am Sinnlichen halten und bei dem Brett das sie im Schiffbruch ergriffen und mit dem sie ans Land schiffen eurer hohen und übertriebenen Ideen, eurer Schiffe in vollen Segeln auf der hohen See lachen und spotten (WuB I, S. 761)[1].

Diese Worte charakterisieren sehr anschaulich das Verhältnis des Sturm und Drang zur Aufklärung. Im Sturm und Drang verschafft sich die Enttäuschung über die Aufklärung radikal Gehör, die Kritik ist gnadenlos und gestenreich. Exponiert sich ein Autor wie Lenz so weit, daß sich der Radikalität und Entschiedenheit der Kritik die gesamte Phalanx von aufgeklärten Literaten wie Nicolai und Wieland *und* der Sturm-und-Drang-Autoren wie Goethe, Herder und Klinger verweigert, setzt sich der Automatismus bürgerlicher Selbstachtung und Selbstverteidigung in Gang. Der Rebell wird psychiatrisiert und schließlich mortifiziert, zunächst allerdings für wahnsinnig erklärt. In Ketten gelegt erlebt er seine Ausweisung aus dem von Oberlin patriarchalisch beherrschten idyllischen Steintal. Die Nachricht, Lenz sei verrückt, verbreitet sich wie ein Lauffeuer, als die tätigsten

---

[1] Die Texte von Lenz werden unter der Sigle WuB mit römischer Band- und arabischer Seitenzahl nach der Ausgabe von Sigrid Damm (1987) zitiert.

Multiplikatoren treten die Pastoren Oberlin und Lavater auf. Und als ihn dann noch der Vater, auch er Geistlicher, fallenläßt, ihm nach der Rückkehr in die Heimat jegliche Hilfe verweigert, wird Lenz kurz darauf in der Presse für tot erklärt, nicht vorsätzlich, doch ist der Irrtum signifikant.[2]

In demselben Jahrgangsband der *Allgemeinen deutschen Bibliothek,* dem Zentralorgan der deutschen literarischen Aufklärung, worin unter der Rubrik „Beförderungen" über Lenz' Vater folgendes berichtet wird: „Der bisherige Pastor zu *Dorpat,* und vormalige Probst im Wendenschen Kreis, *Lenz,* ist als Generalsuperintendent nach Riga, an des verstorbenen *Lange* Stelle, gegangen"[3], erschien auch die kurze Mitteilung: *„Joh. Reinh. Mich. [!] Lenz,* der vor einigen Jahren vieles von sich reden gemacht, ist vor Kurzem mit Tode abgegangen"[4]. Erstaunlicherweise korrigiert die *Nürnbergische gelehrte Zeitung* in der Rezension dieses Bandes die Totmeldung: „Auch der todtgesagte Hr. *Lenz* ist nicht todt, sondern lebt in Petersburg"[5]. Und der *Almanach der Bellettristen und Bellettristinnen* von 1782 dementiert schließlich endgültig in seinem Artikel über Lenz: „Sollte schon vor einiger Zeit ganz gewis gestorben sein, lebt aber bis diese Stunde in *Petersburg*"[6].

Jakob Michael Reinhold Lenz wurde am 23. Januar 1751 in Seßwegen (Causvaine) in Livland geboren.[7] An dem dominierenden Vater, einem pietistischen Pfarrer, versuchte sich Lenz zeitlebens abzuarbeiten. Vertreten wurde die Vaterfigur in Lenz' Leben und Werk durch andere Autoritäten wie beispielsweise Plautus, Lessing, Lavater, Oberlin und – im ambivalenten Verhältnis – Goethe. Von 1768 bis 1771 studierte Lenz Theologie in Königsberg. Dem Wunsch des Vaters, nach Livland zurückzukehren, verweigerte sich Lenz, statt dessen brach er als Begleiter der Brüder Friedrich Georg und Ernst

---

[2] Trotz der verdienstvollen Arbeit von Erich Unglaub (1983) fehlt noch immer eine detaillierte Untersuchung über diesen Mortifikationsvorgang und dessen Rezeption.

[3] AdB 40 (1780), S. 309.

[4] AdB 40 (1780), S. 628.

[5] *Nürnbergische gelehrte Zeitung auf das Jahr 1781,* St. 104, S. 220.

[6] *Almanach der Bellettristen und Bellettristinnen für's Jahr 1782,* S. 120.

[7] Zur Biographie von Lenz vgl. Rosanow (1909), Rudolf (1970), Hohoff (1978), Damm (1985), Winter (1987). Die Biographie von Damm (1985) ist zwar als Roman angelegt, in der Fülle der Details aber ausgesprochen zuverlässig.

Nikolaus von Kleist im Frühjahr 1771 mit nach Straßburg auf, wo er im Mai 1771 ankam. Im Herbst 1774 quittierte er seinen Dienst bei den Kleists, der ihm zwar freie Kost und Logis eingebracht hatte, das Herrschaftsverhältnis und die damit verbundene Machtwillkür der Adligen aber Lenz als Domestiken deutlich vorstellte. Privatstunden sicherten nun die minimalste Lebensgrundlage, und dennoch machte Lenz in dieser Zeit einen „Emanzipationsprozeß"[8] durch.

Der Zeitraum, in dem die hier interpretierten drei Lenzschen Dramen *Der Hofmeister*, *Der neue Menoza* und *Die Soldaten* entstehen und veröffentlicht werden, erstreckt sich über die Jahre 1771/72 bis 1776. In Straßburg begegnet Lenz 1771 erstmals Goethe. Die spätere exponierte Stellung des Freundes – als Autor des *Götz von Berlichingen* (1773) von der literarischen Avantgarde umworben und als bürgerlicher Intellektueller sehr schnell Karriere machend – wirkt auf Lenz durchaus stimulierend. Die Jahre bis 1776 können als die produktivsten Jahre von Lenz betrachtet werden, wenn man die Produktivität nach den literarisch-thematischen Neuerungen bemißt, die er als Sturm-und-Drang-Autor durch seine Enttabuisierungen schafft.

Im März 1776 geht Lenz nach Weimar, dem Beispiel des Freundes folgend, wird aber schon bald wieder auf Betreiben Goethes von Herzog Karl August des Landes verwiesen. Die lakonische Notiz in Goethes Tagebuch vom 26. November 1776, die nur von Lenzens „Eseley" spricht, gibt bis heute Rätsel auf, die Signifikanz der Kürze läßt aber eine massive Verletzung eines höfischen Verhaltensstandards durch Lenz vermuten. Mit der Ausweisung aus Weimar ist der letzte Versuch von Lenz gescheitert, in einer bürgerlichen Existenz Fuß zu fassen, als Stigmatisierter und Verstoßener verläßt er das Herzogtum. Die Rastlosigkeit der nachfolgenden Jahre bis zu seinem Tod 1792 ist nicht nur Zeichen einer sich allmählich verdichtenden psychischen Erkrankung, sondern auch unmittelbare Folge seiner ökonomischen Situation. Lenz leidet an der Gesellschaft, die für einen Kritiker wie ihn keinen Platz hat und die das abweichende Verhalten nur als Krankheit zu benennen weiß. Wie komplex die Verstrickung von Norm, Normabweichung, Krankheitsverdacht und Präjudiz ist, zeigt Lenz' Aufenthalt im Steintal bei Pfarrer Oberlin im Januar 1778, dessen Rechenschaftsbericht dann die Grundlage für Georg Büchners *Lenz*-Novelle (1839) geworden ist, die allerdings bis in die Gegenwart hinein die Sicht auf den historischen Lenz

8   Winter (1987), S. 35.

und die historische Figuration der Gesellschaft in den 1770er und 1780er Jahren verstellt hat.

Um ein differenziertes Bild dieses Problemzusammenhangs hat sich die Sturm-und-Drang-Forschung der letzten Jahrzehnte bemüht. Wenn es darum geht, markante und innovative Positionen der 1980er Jahre zu resümieren[9], so müssen vor allem drei Arbeiten genannt werden, die wichtige Positionen abgesteckt und die Sturm-und-Drang-Forschung aus einer positivistischen Selbstverliebtheit oder geistesgeschichtlichen Einäugigkeit herausgeführt haben: Peter Müllers „Einleitung" zum ersten Band seiner Sturm-und-Drang-Text-sammlung von 1978[10], die umfassendere Darstellung von Andreas Huyssen zum Sturm-und-Drang-Drama von 1980[11] sowie Gerhard Sauders prägnanter Epochenüberblick von 1984[12].

Allen drei Arbeiten gemeinsam ist die Ausgangsfeststellung, daß eine einseitige oder ausschließlich geistes- und ideengeschichtliche Beurteilung des Sturm und Drang notwendigerweise zu fehlerhaften bis falschen Feststellungen führen muß. Der orthodox-marxistische, der neomarxistische aus dem Geist der Kritischen Theorie und der sozialgeschichtliche Ansatz sind die – freilich mit je unterschiedlichen und entscheidenden Differenzierungsvermögen – Antwort auf eine jahrzehntelange Verengung literaturhistorischer Fragen und Arbeitsfelder auf geistesgeschichtliche Ordnungsgrößen. Demzufolge verliert auch die Periodisierungsfrage – die Frage also: Ist der Sturm und Drang eine eigene literarhistorische Epoche neben der Aufklärung, und für welchen Zeitraum ist seine Dauer anzusetzen? – an Dringlichkeit. Kein Literaturwissenschaftler operiert heute ernsthaft noch mit den summarischen Kategorien von Rationalismus und Irrationalismus, um Aufklärung und Sturm und Drang zu kennzeichnen. Alle Arbeiten, die sich mit einzelnen Autoren, Texten oder dem Sturm und Drang im Ganzen beschäftigen, kreisen erklärter- oder unerklärtermaßen um das größte Problem, das der Begriff des Sturm und Drang aufwirft: Sturm und Drang ist ein *Relationsbegriff,* der inhaltlich immer nur im *Verhältnis zu* etwas sinnvoll definiert wer-

---

[9] Zur ersten Einführung in und Orientierung über das Thema vgl. den informativen Artikel von Hellmut Thomke (1984). Mögliche *Perspektiven* der Sturm-und-Drang-Forschung versucht die Arbeit von Luserke / Marx (1992) zu diskutieren.

[10] Vgl. Müller (1978).

[11] Vgl. Huyssen (1980).

[12] Vgl. Sauder (1984). – Weiterführende Literatur bei Huyssen a. a. O.

den kann, wenn er denn definiert werden soll. Im Sinne eines heuristischen Verfahrens wäre es zweckmäßiger, statt von einer Definition eher von einem Arbeitsbegriff zu sprechen. Dies vereinfacht zwar nicht das Problem, hält aber zumindest das kritische Bewußtsein für die Problematik des Sturm-und-Drang-Begriffs wach. Fragwürdig ist es deshalb, zu benennen, was Sturm und Drang ist, ohne zugleich zu bestimmen, welches die Bezugsgrößen sind. Dies wird besonders kraß deutlich, wenn es sich um solch umstrittene Begriffe wie ‚Goethezeit‘ oder ‚Genieperiode‘ als (Teil-)Äquivalent zu Sturm und Drang handelt. Wird dem Themen- und Autorenbündel Sturm und Drang der Bewertungsmaßstab ‚der junge Goethe‘ untergeschoben – und dabei meist die einseitige Sicht des ‚alten Goethe‘ aus *Dichtung und Wahrheit* übernommen –, wird damit schlicht die Gleichzeitigkeit des Ungleichzeitigen[13] eingeebnet, die exakt ein so interessantes und wichtiges Dezennium wie die 1770er Jahre ausmacht. Gleiches gilt für Begriffe wie *literarische Revolution,* ein aus *Dichtung und Wahrheit* entlehnter Begriff, mit dem vor allem die DDR-Germanistik nicht ungeschickt operierte.[14]

Peter Müller wie die marxistische Literaturgeschichtsschreibung insgesamt greifen diesen Goetheschen Begriff des Sturm und Drang als einer *literarischen Revolution* auf. Goethe hatte im 11. Buch von *Dichtung und Wahrheit* über die Literatur der 1770er Jahre geschrieben:

Alles dieses und manches andere, recht und törigt, wahr und halbwahr, das auf uns einwirkte, trug noch mehr bei, die Begriffe zu verwirren; wir trieben uns auf mancherlei Abwegen und Umwegen herum, und so ward von vielen Seiten auch jene deutsche literarische Revolution vorbereitet, von der wir Zeugen waren, und wozu wir, bewußt und unbewußt, willig oder unwillig, unaufhaltsam mitwirkten.[15]

Problematisch wird der Begriff der literarischen Revolution allerdings dann, wenn man – wie Müller – davon ausgeht, daß er einen objektiven Prozeß umschließt.[16] In der Begriffswahl liegt bereits eine

---

[13] Lenz selbst hat dieser historischen Gleichzeitigkeit eine beißende Satire gewidmet, das *Pandämonium Germanikum* (vgl. dazu Luserke/Weiß [1992], Kommentar).

[14] Vgl. etwa Müller (1978) und Krauss (1961).

[15] Goethe (1985), S. 522 f.

[16] Vgl. Müller 1978, S. XV u. S. XVIII: „Die literarische Revolution [repräsentiert] den höchsten vorrevolutionären Entwicklungsstand der deut-

generell wertende Vorentscheidung. Wer vom Sturm und Drang als
einer *literarischen* Revolution spricht, einer Revolution also, die lediglich auf literarischem Gebiet wirksam geworden sei und infolge-
dessen auch nur rhetorisch oder ästhetisch angemessen gedeutet
werden könne, der operiert mit einem modernen Aktionsbegriff, dessen Verständnis aus den Revolutionen nach 1789 gespeist ist, und
der auf die Zeit vor 1789 als literarhistorische Kategorie angewandt,
zwangsläufig zum negativen Befund eines mangelnden Revolutions-
bewußtseins führen muß und daher der historischen Lage der 1770er
Jahre in den deutschsprachigen Duodezfürstentümern nicht gerecht
wird. Es kann deshalb zunächst nicht um die Frage gehen, wie revolutionär der Sturm und Drang war und welche gesellschaftlichen Ver-
änderungen er in der Praxis bewirkt hat. Diese Herauslösung aus
einem komplexen Gesamt von politischen, sozialen, literarischen,
kommunikativen und psychischen Beziehungen muß zwangsläufig
zu falschen Schlußfolgerungen führen. Aus der Verengung dieser
Problemlage gelangt Müller nur dadurch heraus, daß er – in nahezu
‚prästabilierter Harmonie‘ mit bürgerlichen Vertretern einer geistesgeschichtlichen Literaturgeschichtsschreibung wie Gundolf und
Korff[17] – sich des Rückgriffs auf einen Goethe-Zentrismus bedient,
der aus *einem* Gravitationspunkt der Sturm-und-Drang-Literatur die
kosmische Mitte konstruiert. Die Literatur des jungen Goethe weise
sich, so Müller, als eine „neue Phase der zeitgenössischen Literatur"[18] aus, sein Werk gebe den antiaristokratischen Motiven die
„weltgeschichtliche Dimension und den rebellischen Atem"[19]. Zugleich komme es durch die massive Binnenpolitisierung der Sturm-
und-Drang-Literatur zu einem Funktionswandel in der Kunst, der
Literatur obliege nun nicht mehr eine aufgeklärt didaktische Funktion, vielmehr löse sie „die unmittelbar prorevolutionäre Zielsetzung
der Kunstkonzeption des Sturm und Drang"[20] ab. Auch dieser historischen Deutung liegt wieder ein sehr vereinfachtes Periodenmodell
historischer Prozesse zugrunde, wonach die Literatur des Sturm und
Drang die Aufklärungsliteratur ‚ablöst‘. Dieses Modell wird der

---

schen Literatur; sie ist die höchstentwickelte Stufe vorrevolutionären
    Schreibens in Deutschland".
[17] Diese Feststellung gilt bereits für frühe Ansätze einer materialistischen
    Ästhetik und Literaturhistorie des Sturm und Drang (s. u.).
[18] Müller (1978), S. XVI.
[19] Ebd. S. XVIII, ähnlich S. XXVIII.
[20] Ebd. S. LXXVIII.

Gleichzeitigkeit des Ungleichzeitigen des historisch-gesellschaftlichen Prozesses in keiner Weise gerecht. Das Interesse der meisten Sturm-und-Drang-Autoren an der Problemlage unterer sozialer Schichten führt nicht – gleich einem vorrevolutionären Automatismus – zwangsläufig zu einem feudalismuskritischen[21] Bündnis von Bauern und Bürgern, wie dies in der DDR-Forschung entwickelt wurde. Andreas Huyssen hat auf die Notwendigkeit einer differenzierten historischen Deutung eindrücklich hingewiesen.[22] Insbesondere rückt er die Bedeutung psychohistorischer Prozesse in den siebziger Jahren des 18. Jahrhunderts in den Mittelpunkt und stellt in Anknüpfung an die Arbeiten von Norbert Elias und Paul Mog die Frage, ob der Widerstand der bürgerlichen und – das wäre entgegen Huyssens Lesart zu ergänzen – der marxistischen Literaturgeschichtsschreibung gegen den Sturm und Drang, der sich in seiner Diminuierung als bloß literarische Revolution mit Folgen in ästheticis ausdrücke, nicht vielmehr darin begründet liege,

daß der Sturm und Drang einerseits eben die pathologischen Elemente bürgerlicher Gesellschaft hervortreibt, die diese Gesellschaft notwendigerweise produziert, die sie aber unter Verschluß zu halten sucht [. . .], andererseits aus dem Leiden an bürgerlicher Gesellschaft die Ahnung eines utopischen Zustandes entwickelt, der die Grundlage des Prozesses höfischer und bürgerlicher Zivilisation insgesamt in Frage stellt.[23]

Diese aus dem Geist der Adorno-Horkheimerschen *Dialektik der Aufklärung* sich speisende historische Deutung resümiert Huyssen in der These, daß der Sturm und Drang den „Aspekt Kritik der Aufklärung" vorstelle, wobei der Genetiv Kritik der Aufklärung nur Kritik *an* der Aufklärung meint, und nicht die Kritik bedeutet, welche die Aufklärung selbst – eben als Sturm und Drang – hervorbringt.[24]

---

[21] Die These, daß die teils radikal vorgetragene Feudalismuskritik vieler Sturm-und-Drang-Texte in Wirklichkeit eine camouflierte Kritik an den Bürgerlichen darstellt, untersuchen Luserke / Marx (1992).

[22] Vgl. Huyssen (1980), S. 3 (das umfangreiche Einleitungskapitel zu Huyssens Buch sei hier nachdrücklich zur Lektüre empfohlen).

[23] Ebd., S. 44.

[24] Zu widersprechen ist Manfred Wacker, der Huyssen vorwirft, er übertrage, „ohne dies kenntlich zu machen, Horkheimers und Adornos historischen Erfahrungshintergrund und das daraus erwachsene Erkenntnisinteresse ihrer ‚Dialektik der Aufklärung' auf die Stürmer und Dränger mit der unausgesprochenen Konsequenz, daß diese, cum grano salis, als An-

Der Sturm und Drang wende, so führt Huyssen aus, als erste emanzipatorische Bewegung in Deutschland, das durchaus kritische Potential der Aufklärung gegen diese selbst[25], er ist „die erste radikalste Kritik an der bürgerlichen Aufklärung"[26]. So fortschrittlich und stimulierend für die Sturm-und-Drang-Diskussion die These Huyssens vom Sturm und Drang als Aufklärungskritik war, so entscheidend unterschlug sie doch den Aspekt einer Übernahme veränderter Positionen der Aufklärung in der Literatur des Sturm und Drang. In Anlehnung an eine Formulierung von Werner Krauss brachte Gerhard Sauder dies auf die griffige Formel, der Sturm und Drang sei „gleichermaßen Dynamisierung und Binnenkritik der Aufklärung"[27]. Betont man die Kopula in dieser Formel, dann wird deutlich, daß der Begriff Sturm und Drang ein *dialektischer Relationsbegriff* ist, dessen Semantik sich nicht in einer einwertig planen Definition erschöpft. Die Spannung von Dynamisierung *und* Binnenkritik charakterisiert das Verhältnis von Sturm und Drang und Aufklärung, die Gleichzeitigkeit von Weiterentwicklung und radikaler Infragestellung aufgeklärter Positionen kennzeichnet den in der Tat nicht leicht zu handhabenden Begriff, der alle Themen, Motive und Schlagwörter des Sturm und Drang umspannt. Mit dem Hinweis auf die Dialektik des Sturm-und-Drang-Begriffs ist zugleich die Frage nach der Periodisierung dessen gestellt, was unter diesem Begriff firmiert.[28] Sauder plädiert für ein Modell der „‚konzentrierte[n]' Periodisierung"[29], demzufolge sich drei Phasen des Sturm und Drang ausmachen lassen:

(1) Stillschweigendes Einvernehmen gibt es in der Forschung darüber, daß der Ursprung des Sturm und Drang bzw. die Keimzelle der Sturm-und-Drang-*Kommunikation* in der Zusammenarbeit zwischen Herder und Goethe vom Herbst 1770 bis zum Frühjahr 1771 in Straßburg zu sehen ist. Die Schriften, die vor 1770 veröffentlicht

---

wälte der Kritischen Theorie gegen die Aufklärung auftreten" (Wacker 1985, Einleitung, S. 12).

[25] Vgl. Huyssen (1980), S. 75.

[26] Ebd. S. 43.

[27] Johann Wolfgang Goethe: Der junge Goethe 1757–1775. Hg. v. Gerhard Sauder (= Münchner Ausgabe Bd. 1.1). München/Wien 1985, S. 756 („Einführung").

[28] Die folgenden Ausführungen stützen sich im wesentlichen auf Sauder (1984).

[29] Ebd. S. 332.

wurden, sollten demnach als vorbereitende verstanden werden[30], was vor allem Hamann und Herder sowie Gerstenbergs *Ugolino* (1768) betrifft.

(2) Die Phase der Gruppenbildung von Sturm-und-Drang-Autoren in Straßburg, Frankfurt, Darmstadt und Göttingen (der Freundschafts- und Dichterbund ‚Göttinger Hain' beispielsweise bestand von 1772 bis 1775) gilt als die „intensivste Phase"[31] des Sturm und Drang, die bis 1776 reicht.

(3) Die Schlußphase, wenn denn eine solche anzusetzen ist, reicht bis 1778, danach ist der Sturm und Drang „im wesentlichen schon sich selbst historisch"[32]. Inwieweit das Frühwerk Friedrich Schillers, namentlich die *Räuber* (1781), *Fiesko* (1783) und *Kabale und Liebe* (1784), Schubarts *Sämtliche Gedichte* (1785/86) und Heinses *Ardinghello* (1787) noch zur Spätphase des Sturm und Drang gerechnet werden können, ist sehr umstritten. Sauder gibt zu Recht zu bedenken, daß ein Periodisierungsmodell nach literarischen Highlights nur im Kontext der Gruppenbildung und Gruppenkommunikation Sinn mache.

Unabhängig davon, ob man einer konzentrierten oder einer weitgefaßten Periodisierung des Sturm und Drang das Wort redet, eines wird jedenfalls deutlich: Der Sturm und Drang wird zwar von einzelnen Personen getragen (signifikanterweise ist keine Frau darunter, der Sturm und Drang ist eine konsistente Männergesellschaft!), ist zugleich aber völlig an einzelne Werke gebunden. Während beispielsweise die *Soldaten* von Lenz aus dem Jahr 1776 zum Paradigma eines Sturm-und-Drang-Dramas in der Literaturwissenschaft avancierten, ist die Komödie *Die Freunde machen den Philosophen* von Lenz aus dem gleichen Jahr unzweifelhaft ein Produkt empfindsamer Literatur. 1772 wurden, um ein anderes Beispiel zu wählen, Lessings *Emilia Galotti*, womit er die Entwicklung des Bürgerlichen Trauerspiels nach der *Miß Sara Sampson* (1755) nachhaltig prägte, *und* der epochemachende Jahrgangsband der *Frankfurter gelehrten Anzeigen* als Manifest der Sturm-und-Drang-Literaturkritik veröffentlicht. 1779 erschien *Nathan der Weise*, der durch das morgenländische Ambiente nicht ahnen läßt, welche aktuellen zeitgleichen Konflikte die meisten Texte des Sturm und Drang nur wenige Jahre zuvor verhandelt hatten.

---

[30] Vgl. ebd. S. 331.
[31] Ebd.
[32] Ebd.

Was Adorno und Horkheimer in ihrer *Dialektik der Aufklärung*
auf die knappe Formel gebracht hatten: „Aufklärung ist totalitär"[33]
und wovor schon der junge Herder in seinem Reisejournal 1769
hellsichtig gewarnt hatte („alle Aufklärung ist nie Zweck, sondern
immer Mittel; wird sie jenes, so ists Zeichen daß sie aufgehört hat,
dieses zu seyn"[34]), hatten viele Autoren des Sturm und Drang erkannt, und dagegen rebellierten sie. In diesem Sinne waren sie keineswegs Aufklärungsgegner, sondern vielmehr leidenschaftlich aufgeklärt. Die rebellische Kritik an totalitären Strukturen, seien diese
Produkt diskursiver Praxis oder herrschaftsspezifische Sozialausprä-
gungen, betrifft in der Regel vier heuristisch voneinander abgrenzbare
Bereiche: (1) Das Herrschaftsverhältnis im Bereich gesellschaftlicher Macht; dieser Bereich wird in der Forschung zumeist unter
Adels-, Gesellschafts- oder Zivilisationskritik rubriziert, obwohl keineswegs Einvernehmen darüber besteht, was im jeweils konkreten
Fall darunter zu verstehen ist[35]. Die Adels- bzw. Ständekritik kann
allerdings auch aus der Retrospektive der Kenntnis des historisch-
gesellschaftlichen Prozesses als Kritik an der sich konsolidierenden
gesellschaftlichen Macht gerade des aufgeklärten Bürgertums gedeutet werden.[36]

(2) Die Herrschaft poetologischer Regeln, deren ästhetischen Normen, insbesondere dramentheoretischen Vorschriften, sich letztlich
auf Geschmacksurteile und moralische Werte gründen. Das ästhe-

tisch Gute ist das, was sich – zivilisatorisch – schickt. Der Sturm
und Drang reagiert hierauf mit einer regelrechten Enttabuisierungs-
wut. Die ästhetische Rebellion, ausgetragen als Aristoteles-Shake-
speare-Debatte und Befehdung der aufgeklärt-normativen Poetik,
verschränkt sich aber (3) mit der Kritik an sexueller Repression. Se-

---

[33] Zit. nach: Theodor W. Adorno: Gesammelte Schriften Bd. 3: Max Horkheimer u. Theodor W. Adorno: Dialektik der Aufklärung. Philosophische Fragmente. Hgg. v. Rolf Tiedemann. Frankfurt/Main ²1984 [¹1944],
S. 22.

[34] Johann Gottfried Herder: Journal meiner Reise im Jahr 1769, in: Sämtliche Werke, hgg. v. Bernhard Suphan. Berlin 1878 [Reprint Hildesheim /
New York o. J.] Bd. IV, S. 412. – Kurz zuvor schreibt Herder: „Der Weise geht auf seinem Wege fort, die Menschliche Vernunft aufzuklären, und
zuckt nur denn die Achseln, wenn andre Narren von dieser Aufklärung
als einem letzten Zwecke, als einer Ewigkeit reden" (ebd. S. 411 f.).

[35] Vgl. dazu Schmiedt (1985), S. 49 ff.

[36] Vgl. Luserke / Marx (1992), S. 144 ff.

[handschriftlich am Rand: Schief !]

xualität wird Gegenstand und Medium der Enttabuisierung. Die Vernunftherrschaft als Autokratie absolut gesetzter Normen bürgerlicher Verhaltensstandards wird als jener Punkt kritisiert, wo Aufklärung in Barbarei umkippt, insbesondere betrifft dies die von den Sturm-und-Drang-Autoren mit Vehemenz geforderte Emanzipation des Begehrens.

(4) Der Bereich jenes Wissens, wo sich die Erkenntnis bildet, daß nur der literarische Diskurs einschließlich seiner epistolaren, literaturkritischen und rhapsodischen (wie etwa Lenz' *Anmerkungen übers Theater*) Spielart vermögend ist, die Aufklärungsarbeit über Formen totalitärer Aufklärung zu leisten. Dem entspricht auf der Produktionsseite, daß es kein einheitliches systematisch-theoretisches Konzept gibt, das als Bezugstheorie des Sturm und Drang gelten kann. Sturm und Drang bedeutet dann die bewußte Verweigerung anderer Diskursformen wie beispielsweise des juristischen, medizinischen, anthropologischen, historischen oder theologischen Diskurses, und dies aus der Erkenntnis heraus, daß Diskurse Repressionen schaffen und nur der literarische Diskurs das der Repressionskritik angemessene Ausdrucksmedium ist. Sturm und Drang ist Repressionskritik und als solche Teil des Repressionsapparats, der selbst wieder Repression erzeugt. Am deutlichsten ist dies wohl zu sehen bei J. M. R. Lenz, bei dem die Emanzipationsforderung kontinuierlich umschlägt in Repression gegenüber dem eigenen Leib als christlicher Asketismus. Die psycho-biographischen Äquivalenzen sind hier besonders offensichtlich, die postulierte soziale Freiheit ist nicht die dem eigenen Körper zugestandene Freiheit.

Aus diesen einleitenden Bemerkungen wird deutlich, daß ich mich im folgenden um eine sinnvoll verschränkte sozialgeschichtlich-diskursanalytische Literaturinterpretation bemühe, die den Texten dort das Odium der Unnahbarkeit nimmt, wo sich die diktierte Distanz als wissenschaftliches Tabu erweist, und die dort die Distanz sucht, wo verordnete Nähe zu den mikroliterarischen Mustern den Blick auf das Netz gesellschaftlich-historischer Bezüge zu verstellen droht. So gesehen versucht das Buch methodisch eine Gratwanderung: Die Sozialgeschichte, einmal ihres ursprünglichen gesellschaftlichen Impetus enthoben, läuft Gefahr, im bloßen Positivismus zu erstarren und im Faktenaushub der Geschichte begraben zu werden.[37] Materialgräber und Namensprozessionen – nichts ist dem Geschäft der Anstren-

---

[37] Zu den Schwierigkeiten einer sozialgeschichtlichen Literaturgeschichtsschreibung vgl. Herrmann (1990), bes. S. 206 ff.

gung des Begriffs, der Deutungsarbeit so abträglich, wie die Vorstellung, Fakten ersetzten die Deutung. Daher ist der Versuch einer Zusammenführung von Sozialgeschichte und Diskursanalyse als ein Versuch zu verstehen, der zunehmenden Tendenz einer Entsinnlichung der Literaturwissenschaft in Gestalt monströser Materialberge entgegenzuwirken. Die Untersuchung von Diskursen im Schnittfeld von sozialhistorischen und psychohistorischen Bedingungen scheint mir die angemessene Antwort auf die positivistische Wende einer noch immer vornehmen Wissenschaft zu sein.

Die erste Interpretation zum *Hofmeister* untersucht die Verbindung des Erziehungsdiskurses mit dem Sexualitätsdiskurs; die Interpretation des *Neuen Menoza* deutet die Einheit des Diskurses über die Zivilisationskritik mit dem Sexualitätsdiskurs; die dritte Interpretation zu den *Soldaten* verfolgt die Verschränkung von Soldatendiskurs und Sexualitätsdiskurs. Alle drei Interpretationen gehen also von der These aus, daß Begehren sich stets in Widerspruch setzt, da es etwas vorstellt, was im Gegenwärtigen nicht ist, es begehrt die Gegenwart des anderen und vergegenwärtigt das Begehren, sich selbst. Begehren entfaltet sich im Widerspruch, und wer über den Widerspruch schreibt, schreibt über das Begehren. Jakob Michael Reinhold Lenz war ein Autor des Widerspruchs.

Erstaunlicherweise verbindet gerade die Tabuisierung dieser Erkenntnis die bürgerlich-geistesgeschichtliche Literaturwissenschaft mit den Anfängen einer marxistisch-materialistischen Deutung des Sturm und Drang. In seinem Buch *Shakespeare und der deutsche Geist* von 1911 definiert Friedrich Gundolf den Sturm und Drang „als eine bestimmte Bewegung mit bestimmten Gedanken oder Gefühlsinhalten, oder weiter: als ein Tempo, als einen Wirbel des deutschen Geistes, in welchen alles mitgerissen wurde, was sich nicht bewußt entgegenstellte"[38]. Unbestimmter kann eine literarhistorische Definition – so sie denn sein muß – kaum ausfallen. Diesem obskuren Pneumataumel wird vor allem Lenz geopfert, der „für die Geschichte der deutschen Literatur bestenfalls eine Kuriosität"[39] bedeute und den zu retten ein „unmögliches und törichtes Unterfangen"[40] sei. Gundolf weiter: „Er ist der durchschnittliche Typus eines Zerrissenen mit Genieprätentionen, ein Vorläufer Grabbes und des weit begabteren Georg Büchner. [. . .] Die Geistesgeschichte hat es nicht

---

[38] Gundolf (1959), S. 221.
[39] Ebd. S. 225.
[40] Ebd.

mit Privatschicksalen zu tun, sondern mit Leistungen"[41]. Im Abschnitt über den Sturm-und-Drang-Autor Wilhelm Heinse rügt Gundolf dessen „brutale, fast hengstmäßige Begehrlichkeit [. . .]. Heinse denkt, Heinse sieht, fühlt und schmeckt mit dem Phallos"[42], er sei ein „ausschließlich heidnischer Hengst"[43] gewesen. Unter der Hand gerät Gundolf diese Charakterisierung zur ungewollten Beschreibung dessen, was den Grund dafür ausmacht: Sturm-und-Drang-Autoren wie Klinger, Lenz, Heinse und der junge Goethe (man denke etwa an seine Hanswurstiaden) brechen ein Tabu, kritisieren die Repression, sprechen mehr oder weniger offen über Sexualität, und genau dieser Tabubruch wurde nicht nur von den Zeitgenossen negativ verbucht.

In ihrem Buch über die *Verbürgerlichung der deutschen Kunst, Literatur und Musik im 18. Jahrhundert* (1936) schreiben die Autoren Leo Balet und E. Gerhard (d. i. Eberhard Rebling) in geradezu grotesker Verkennung der historischen Situation und in Anlehnung an Abwertungskategorien der bürgerlichen Literaturwissenschaft über J. M. R. Lenz: „Bei Lenz und den übrigen Goethianern schlug die versuchte Steigerung wieder ins Bürgerliche und noch tiefer ins Kleinbürgerliche zurück"[44]. Die kleinbürgerlichen Fluchtphantasien meinen sie vor allem an einem Punkt festmachen zu können: „Auf keinem Gebiete aber ist die typisch bürgerliche Theorie des Ausnahmerechts für den Ausnahmemenschen so in eine Sackgasse geraten, wie auf dem *Sexualgebiet*"[45]. Als Beleg für diese Einschätzung werden namentlich Klingers *Simsone Grisaldo* (1776) und Heinses *Ardinghello* (1787) angeführt, die Hauptpersonen von Klingers Drama ließen sich mit keinem Begriff besser charakterisieren „als mit Deckhengst"[46].

Man ist nachgerade erstaunt, mit welcher Heftigkeit dann die Autoren ihre literatur-hippologischen Kenntnisse ausbreiten. Da ist die Rede von Beschälen, Heruntersteigen, Besteigen, von frischen fürstlichen Stuten, altem Stall und zärtlichem Abklopfen.[47] Übertroffen wird dies noch durch den Versuch, Wilhelm Heinse eine pathologi-

---

[41] Ebd.
[42] Ebd. S. 236.
[43] Ebd.
[44] Balet/Gerhard (1981), S. 224.
[45] Ebd. S. 227.
[46] Ebd.
[47] Vgl. ebd.

sche Veranlagung[48] zu unterstellen, seine „literarische Onanie"[49] jedenfalls halten Balet und Gerhard für ausgemacht.[50] Daß sowohl mit dem geistesgeschichtlichen als auch mit dem materialistischen Befund wenig mehr als eine polemische Exponierung gewonnen ist, liegt auf der Hand. Deshalb wird im folgenden auch erst gar nicht der ohnehin obsolete Versuch unternommen, den Sexualitätsdiskurs im *Hofmeister*, im *Neuen Menoza* und in den *Soldaten* zu bewerten, sondern zuallererst als eigenständigen literarischen Diskurs zu beschreiben und zu deuten.

Auch 1992, im zweihundertsten Todesjahr von Jakob Michael Reinhold Lenz, macht es für Nichtfachleute Sinn, sich der Frage, was Sturm und Drang ‚ist', monographisch, also in der intensiven Auseinandersetzung mit einem Autor oder dessen Werken, zu nähern. Für die Fachleute bleibt zu hoffen, daß die Aufmerksamkeit, die jetzt Lenz gilt, letztlich auch insgesamt der Sturm-und-Drang-Literatur zugute kommt, gibt es doch nach wie vor zahlreiche ungelöste Fragen und Forschungsdefizite, angefangen bei fehlenden verläßlichen Textausgaben einzelner Autoren (nicht jeder Sturm-und-Drang-Autor kann wie Klinger auf eine in etlichen Fällen unverzichtbare historisch-kritische Gesamtausgabe hoffen), bis hin zur großen Periodisierungsfrage, auch wenn die Diskussion darum etwas zur Ruhe gekommen ist.

---

[48] Vgl. ebd. S. 229.
[49] Ebd.
[50] Wie die Autoren selbst von der „Liebe" denken, geht aus dieser Bemerkung hervor: „eine ganz natürliche und selbstverständliche Sache [. . .], über die man keine Worte zu verlieren braucht" (ebd.).

2 Der Hofmeister

2.1 Die Dramentheorie von Lenz und das Konzept der Tragikomödie: *‚Anmerkungen übers Theater‘*

Die programmatische Schrift *Anmerkungen übers Theater nebst angehängtem übersetzten Stück Shakespears* von Jakob Michael Reinhold Lenz erschien erstmals 1774 durch Goethes Vermittlung im Druck. Lenz hatte der Schrift seine Übersetzung der Shakespeare-Komödie *Loves Labour Lost* unter dem Titel *Amor vincit omnia* beigefügt und damit das Stück dem deutschsprachigen Publikum zugänglich gemacht. Entstanden waren die *Anmerkungen übers Theater* allerdings schon früher. Wie die kleine Notiz vor Beginn des eigentlichen Textes ausweist, wurden die *Anmerkungen* zwei Jahre vor Erscheinen der von Herder herausgegebenen Sammlung *Von deutscher Art und Kunst. Einige fliegende Blätter* und Goethes *Götz von Berlichingen mit der eisernen Hand* in der Straßburger Sozietät vorgelesen. Für diese *Société de philosophie et de belles-lettres*, deren Mitglied Lenz in den Jahren seines Straßburger Aufenthalts 1771 bis 1776 gewesen war, hatte er einen Vortrag zum Thema der *Anmerkungen* ausgearbeitet. Der in mehreren Schreibphasen entstandene Text wurde von Lenz für den Druck überarbeitet, der Vortragscharakter blieb aber grundsätzlich erhalten. Darin drückt sich eine bewußte konzeptuelle Entscheidung des Autors aus: Belegen auf der inhaltlichen Ebene die schweren Angriffe gegen Positionen aufgeklärter Dichtungstheorie die Entschlossenheit von Lenz, andere, zeitgemäßere Formen der Dramatik zu finden, so unterstreicht die Konzeption des Textes diese offensive Haltung; entschieden unterläuft Lenz die bis dahin geläufigen und erwarteten Regeln des aufgeklärt-theoretischen Diskurses. Nicht in logisch-systematisch eingeteilte Sinnabschnitte oder Paragraphen, die einen stringenten Aufbau mit

klaren Grundthesen erkennen lassen, gliedert Lenz seinen Text, sondern „rhapsodienweis" (WuB II, S. 641), scheinbar assoziativ trägt
Lenz seine Thesen vor. In der Forschung ist lange übersehen worden, daß der Assoziationscharakter der *Anmerkungen* nur äußerlich
ist, vielmehr gehorcht auch die ästhetische Rhapsodie eigenen Glie-
derungs- und Inhaltsregeln.[1] Interessant sind die *Anmerkungen* im
Hinblick auf die Lektüre des *Hofmeisters* insofern, als sie Positionen des *Hofmeisters* (die erste handschriftliche Fassung) resümieren
wie auch projektieren (die Druckfassung), also im engen Zusammenhang mit Lenz' erstem selbständigem Drama entstanden sind.
Darüber hinaus sind die *Anmerkungen* eine der wichtigsten ästhetischen Programmschriften der Sturm-und-Drang-Literatur.[2] Dies soll
im folgenden näher untersucht werden.

Anknüpfungspunkt für Lenz' Parforceritt – er fordert die Leser
auf, regelrecht mitzureiten (vgl. ebd., S. 645) – ist einer der zentralen Punkte der Dichtungstheorie, das Aristotelische Postulat der
Nachahmung (Mimesis) der Natur. Die Dichtung habe die Natur
nachzuahmen (moderner und korrekter wird der Mimesis-Begriff mit
Darstellen und Gestalten wiedergegeben). Im französischen Klassi-
zismus des 17. Jahrhunderts und in der deutschen Poetologie des
frühen 18. Jahrhunderts erfährt der Nachahmungsbegriff eine entscheidende Bedeutungserweiterung, Nachahmung heißt nun 1) *Nachahmung der Natur* und 2) *Nachahmung* (der dichterischen Leistungen) *der Alten,* der durch die Bildungstradition kanonisierten antiken griechischen und römischen Autoren. Nachahmung der Natur
definiert Lenz als Nachahmung „aller der Dinge, [. . .] die durch die
fünf Tore unsrer Seele in dieselbe hineindringen" (ebd., S. 645). Be-
merkenswert ist, daß die Natur auf den Bereich sinnlicher Wahr-
nehmbarkeit eingeschränkt wird. Die Wahrnehmung durch Sehen,
Hören, Riechen, Schmecken und Tasten betrifft ausschließlich die

---

[1] Vgl. Martini (1970).

[2] Wieland hat Lenz' *Anmerkungen übers Theater* keineswegs euphorisch
rezensiert, wie dies oft dargestellt wird. Vielmehr verfaßte er zur regulä-
ren Rezension im *Teutschen Merkur* von 1775 (erstes Vierteljahr) einen
„Zusaz des Herausgebers" (S. 95), worin es heißt: „Der Verfasser der
A.ü.Th. mag heißen wie er will, traun! der Kerl ist'n Genie, und hat blos
für Genien, wie er ist, geschrieben, wiewohl Genien nichts solches nöthig
haben" (S. 95–96). Von „Gemssprüngen" und „wunderbare[m] Rothwelsch" (S. 96) ist die Rede, der Verfasser sage nichts, „das sich der
Mühe verlohnte, das Maul so weit aufzureissen" (ebd.). Wielands Spott
gipfelt darin, daß er Lenz „Nothzüchtigung der Sprache" (ebd.) vorwirft.

Sinneswelt, den mundus sensibilis, der in der rationalistischen Auf-
klärungsphilosophie von Leibniz, Wolff und Baumgarten stets dem
mundus intelligibilis, der Wahrnehmungskoordination und Erkenntnisleistung der menschlichen Vernunft unterstellt ist. Lenz bestimmt
also gleich zu Beginn den Ort seiner Überlegungen innerhalb einer
sensualistischen Theorie – nicht von ungefähr wird auch deren französischer Vertreter Dubos genannt. Als Grundtrieb des Menschen
benennt Lenz nun den Nachahmungstrieb: Durch die sinnliche Wahrnehmung der Natur, die säkular-theologisch noch als Produkt eines
Weltenschöpfers verstanden wird, ist der Trieb zur Nachahmung im
Menschen geweckt, das Begehren, eine „Schöpfung ins Kleine zu
schaffen" (ebd., S. 645). Zugleich leitet Lenz mit dieser Feststellung, die durchaus noch im traditionellen Dichtungsverständnis vom
Dichter als alter deus, als zweiter Gott, steht, die Tiraden auf die
größte Autorität in Dichtungsfragen, auf Aristoteles ein. Diese Auseinandersetzung mit Aristoteles, die, wenn man die Argumente genauer prüft, fast immer die Aristoteles-Exegeten treffen sollte, bildet gleichsam die Folie, vor der Lenz den radikalen Bruch mit Positionen aufgeklärter Dichtungstheorie vollzieht. Dadurch tritt die historische Bedeutung dieses Bruches deutlich hervor. Daß Lenz dabei die literarische Form der Rhapsodie wählt, also auf eine frühe
zivilisatorische Form literarischer Rede zurückgreift, belegt das Bewußtsein und die Bedeutung des eigenen Sprechens. Die Rhapsodie
eröffnet mit genialischer Geste den Vorausblick. Neben den menschlichen Grundtrieb zur Nachahmung setzt Lenz eine zweite Quelle
der Poesie, das Synthetisieren und Analysieren der durch die sinnliche Wahrnehmung gewonnenen Verstandesbegriffe. Doch bedarf es
neben Nachahmungstrieb und Verstandesarbeit noch einer dritten
Bedingung, um Dichtung zur „Sprache der Götter" (ebd., S. 645)
werden zu lassen: Des Genies.

Wir nennen die Köpfe Genies, die alles, was ihnen vorkommt, gleich so
durchdringen, durch und durch sehen, daß ihre Erkenntnis denselben Wert,
Umfang, Klarheit hat, als ob sie durch Anschaun oder alle sieben Sinne
zusammen wäre erworben worden (ebd., S. 648).

Generell bedeutet bei Lenz Genie nicht ausschließlich nur literarisches Genie, doch tritt zu dieser genialen Veranlagung der unmittelbaren situativ-spontanen Durchdringung von Eindrücken noch „Be-
geisterung, Schöpfungskraft, Dichtungsvermögen" (ebd., S. 648)
hinzu, und vermag das Genie „den Gegenstand zurückzuspiegeln"
(ebd.), dann handelt es sich um ein *poetisches Genie.* In diesen und

ähnlich lautenden Formulierungen der Rückspiegelung des Gegenstandes ist in der Forschung Lenz' Programm eines literarischen Realismus gesehen worden, eine Linie, die historisch dann meist von Lenz über Büchner und Grabbe bis zu Brecht gezogen wird. Allerdings ist diese Sicht sehr stark durch Büchners Lenz-Novelle und das dort ausgeführte sogenannte Kunstgespräch geprägt. Der Realismusbegriff ist für Lenz sicherlich nur eingeschränkt richtig, [*] geht es ihm doch niemals um eine 1 : 1-Übertragung. Die Wirklichkeitsdarstellungen bei Lenz sind maßgeblich durch die Arbeit fiktionaler Vernunft charakterisiert.

Hauptgegenstand der Nachahmung ist der Mensch, insbesondere der individuelle Charakter als „der kenntliche Umriß eines Menschen auf der Bühne" (ebd., S. 651). Damit wendet sich Lenz deutlich von den Mustern der antiken Tragödie ab, in denen die Menschen ausnahmslos als dem Schicksal Unterworfene dargestellt werden. Ebenso lehnt er die leidenden Helden der christlich-stoizistischen Märtyrerdramen des 17. Jahrhunderts ab. Beide, schicksalsgebeutelter Held und leidender Märtyrer, sind Produkte von Allmachtsphantasien, die ein ästhetisches Ideal verfolgen und einer poetischen Norm gehorchen, nicht aber die unmittelbare Identifikation, das Wiedererkennen des einzelnen Zuschauers in der dargestellten Handlung zulassen. Diesem Bedürfnis nach Unmittelbarkeit, nach lebensweltlicher Nähe auf Rezipientenseite versuchte bereits Lessing in seinem *bürgerlichen* Trauerspiel *Miß Sara Sampson* nachzukommen. Doch Lenz radikalisiert diese Position noch weiter, indem er die Dominanz eines ästhetischen Ideals der vorgestellten Figur zugunsten der Exaktheit der Wirklichkeitsdarstellung des handelnden Charakters einschränkt und damit die Bedeutung der Produzentenseite für seine Position hervorhebt. Es genügt nicht, den adligen Helden und dessen Fall durch die patriarchale Ordnung der bürgerlichen Kleinfamilie zu ersetzen, solange die Figuren charakterlos, ohne individuelles Profil bleiben, denn

es gehört zehnmal mehr dazu, eine Figur mit eben der Genauigkeit und Wahrheit darzustellen, mit der das Genie sie erkennt, als zehn Jahre an einem Ideal der Schönheit zu zirkeln, das endlich doch nur in dem Hirn des Künstlers, der es hervorgebracht, ein solches ist (ebd., S. 653).

Selbständig handelnde Menschen und Charaktere sind schließlich für Lenz Synonyme (vgl. ebd., S. 654), die allein die Maßgabe dessen bilden, was das poetische Genie zu leisten hat. Dieser (neuen) Norm – denn um eine solche handelt es sich ja – müssen sich auch

[*] V. a. ist er darin begründet, daß die Welt „keine Brücken" hat !!!

die technisch-handwerklichen und dramaturgischen Erfordernisse eines Schauspiels unterordnen, wie z. B. „die so erschröckliche jämmerlichberühmte Bulle von den drei Einheiten" (ebd., S. 654). Diese drei Einheiten (die Einheit von Ort, Zeit und Handlung) waren den Poetologen aller Zeiten sakrosankt, und Lenz ist sich, dies macht der sich steigernde pathetische Stil und die Häufung rhetorischer Fragen deutlich, durchaus bewußt, daß er ein Tabu bricht: Wolle man nur grob und willkürlich klassifizieren, könne man leicht auf hundert Einheiten kommen, doch entscheidend wäre allein die *eine* Einheit, die der Dichter und das Publikum fühlen müßten (vgl. ebd., S. 655). Was aber ist diese Einheit? Lenz wechselt unmerklich den Standpunkt, gelangt von der Binnensicht auf die (klassischen) Regeln dramatischen Schreibens zur Außenperspektive, wenn er schreibt, daß diese Einheit der „Gesichtspunkt" sei, „aus dem wir das Ganze umfangen und überschauen können" (ebd.). Dies ist gewissermaßen der archimedische Punkt des Schauspiels oder, modern gesprochen und aus der Romananalyse entlehnt, der point of view. Deutlich wird dies am Beispiel der Einheit der Handlung:

Bei uns ist's die Reihe von Handlungen, die wie Donnerschläge auf einander folgen, eine die andere stützen und heben, in ein großes Ganze zusammenfließen müssen, das hernach nichts mehr und nichts minder ausmacht als die Hauptperson, wie sie in der ganzen Gruppe ihrer Mithändler hervorsticht (ebd., S. 655 f.).

Diese Bemerkungen weisen bereits deutlich auf den *Hofmeister* voraus. Bis hierher hat Lenz fast ausschließlich vom dramatischen Dichter oder Schauspieldichter und dem Schauspiel gesprochen. Am Ende der *Anmerkungen* geht er auf die folgenschwere differenzierte Gattungsbestimmung ein. Die „Hauptempfindung" (ebd., S. 667), die in der griechischen Tragödie erregt werden sollte, war – so führt Lenz aus – „blinde und knechtische Furcht vor den Göttern" (ebd., S. 667). Und doch sei diese Furcht das einzige gewesen, was die Leidenschaften der Zuschauer und die Reinigung (Katharsis) der Leidenschaften habe evozieren können. Leidenschaften seien also auf „Religionsbegriffe gepfropfte" (ebd.). Diese religionshistorisch und sozialpsychologisch zweifelsohne richtige Erkenntnis schließt Lenz ebenso thetisch, wie er den Text begonnen hatte, ab, er verläßt die historische Beschreibung und formuliert normativ (auch hierin, im Wechsel der Methode durchaus Aristoteles verpflichtet): Die Hauptempfindung der Komödie ist die „Begebenheit", die Hauptempfindung der Tragödie ist die „Person, die Schöpfer ihrer Begebenheiten" (ebd., S. 668). Dieser Satz enthält bereits Lenz' Programm einer modernen Tragikomödie; die historische Vorlage fand er bei dem römischen Dichter Plautus, von dem er fünf Dramen übersetzt und ebenfalls 1774 veröffentlicht hatte.

Die Hauptempfindung, so hatte Lenz kurz zuvor erklärt, ist diejenige Empfindung, „welche erregt werden sollte" (ebd., S. 667) durch das dramatische Geschehen. Waren dies in der griechischen Tragödie Furcht und Mitleid – oder moderner übersetzt Jammer und Schaudern (éleos und phóbos), wie es Aristoteles in seiner *Dichtkunst* beschrieben hatte – in der Komödie hingegen das Lachen, so erweitert Lenz nun diese Definition entscheidend. Die *Begebenheit* (also die dramatische bzw. komische Handlung, die komische Situation) nennt Lenz auch „eine Sache" (ebd., S. 669). Bei der Tragödie dagegen steht die *Person* im Mittelpunkt, die im Prozeß der Selbstdynamik ihre eigene tragische Situation entwickelt.[3]

Mit dem unmerklichen Wechsel von der historisch-deskriptiven Position (etwa in den Ausführungen zu den religionsgeschichtlichen Wurzeln der tragischen Furcht, die ihren Ursprung in der Furcht vor den Göttern habe) zu einer normativen Position (die sich im Definitionscharakter der Bestimmung ausdrückt) gelangt Lenz zugleich auch zu seiner Bestimmung der Tragikomödie, die für die weitere literarhistorische Entwicklung dieser Mischgattung richtungweisend geworden ist.[4] Ist die Person zugleich auch Schöpferin der dramatischen Situation (Begebenheit), kommt es über sie zur Vermittlung von tragischem Konzept und komischem Konzept, genauer: Die handelnde Person, der Mensch, stiftet in der Dynamik seiner dramatischen Entwicklung die komische Situation, im Menschen als Subjekt und Objekt des dramatischen Geschehens konstituieren sich Tragödie und Komödie als Tragikomödie. Damit vollzieht Lenz bewußt den Bruch mit einem bis dahin gültigen Lehrsatz, wonach der Regelverstoß gegen die Ständeklausel in der Tragikomödie durchaus erlaubt ist. Die Ständeklausel besagt, daß der sozialen Führungsschicht entstammende Personen die tragischen Helden stellen und diese meist als Repräsentanten der Herrschaftsschicht neben dem Hauptakteur der Komödie, dem Volk, vertreten sind. Adel und Volk treten so nebeneinander. Dies betrifft die soziologische Bestimmung des Lehr-

---

[3] Ich lese hier „die Schöpfer" als Schreibversehen von Lenz; der Term müßte korrekt heißen: „die Schöpferin", da er sich unzweifelhaft auf „die Person" bezieht.

[4] Vgl. zur Geschichte der Tragikomödie Guthke (1961).

satzes; die ethisch normative geht davon aus, daß die Tugendhaftigkeit
des tragischen Helden, die letztendlich wieder der Stabilisierung von
Machtverhältnissen dient, mit *Lob* bedacht wird, während den komischen Helden Spott oder *Tadel* erwartet. Die historische Ständeklausel impliziert also eine Lob-Tadel-Poetik. Sowohl die soziologische (Adel/Volk) als auch die ethisch-normative (Lob/Tadel) Bestimmung des Dramas unterläuft Lenz durch sein Konzept der Tragikomödie. Im Zentrum der Bestimmung von Tragödie und Komödie
und der Fusionsgattung Tragikomödie stehen nicht mehr Repräsentanten einer bestimmten sozialen Schicht, sondern schlicht der
Mensch, nicht mehr holzschnittartige Typen, sondern individuelle [so.?]
Charaktere. Unter dem Blick einer Funktionsanalyse läßt sich folgendes feststellen: Die Funktion der Komödie ist, die Bedeutung
der Situationen zu evozieren; Funktion der Tragödie ist, die Bedeutung der Menschen als die Urheber dieser Situationen zu evozieren.
Funktion der Tragikomödie ist, die Bedeutung der Verschränkung
von Mensch und Situation hervorzuheben. Das Komische liegt in
der Situation selbst, das Tragisch-Komische liegt darin, daß der
Mensch diese Situation selbst hervorbringt. Damit formuliert Lenz
auch direkten Widerspruch zur unangefochtenen Autorität in Fragen aufgeklärter Literatur, zu Lessing. Zehn Jahre zuvor hatte dieser
in der *Hamburgischen Dramaturgie* im 51. Stück unter Rückgriff
auf die Aristotelische *Poetik* festgelegt:

Da in der Komödie die Charaktere das Hauptwerk, die Situationen aber nur
die Mittel sind, jene sich äußern zu lassen, und ins Spiel zu setzen: so muß
man nicht die Situationen, sondern die Charaktere in Betrachtung ziehen,
[. . .]. Umgekehrt ist es in der Tragödie, wo die Charaktere weniger wesentlich sind, und Schrecken und Mitleid vornehmlich aus den Situationen
entspringt.[5]

Wie fast überall, wo Lenz vermeintlich antiaristotelische Positionen
bezieht, ist der Kontrahent in Wirklichkeit meist Lessing als pars
pro toto aufgeklärter Literatur und Poetik.

Die Erkenntnisfunktion des rhapsodisch konzipierten bzw. vor-
getragenen Textes *Anmerkungen übers Theater* von Lenz besteht
demnach nicht darin, die Versöhnung der Widersprüche vorzutra-

---

[5] Lessing: Werke und Briefe Bd. 6, S. 437–438.– Allerdings ist Lessings
Haltung in dieser Frage nicht einheitlich. Vgl. das informative Kapitel
Vorrang der tragischen Handlung (oder ‚Fabel‘) vor den Charakteren
in: Martino (1972), S. 305–312.

gen, sondern diese erst erkennbar hervorzutreiben. Erst wenn das
Publikum die Widersprüche im Text erkennt – und die Analyse des
Hofmeisters wird zeigen, daß dies ungleich mehr noch von den Dramen gilt – und es erkennt, daß Position und Negation unvermittelt
nebeneinanderstehen, dann ist es auch in der Lage, sich selbst in
Widerspruch zu setzen, dann führt es sich selbst zum Bewußtsein
von Widersprüchlichkeit, entdeckt die Möglichkeit und erlangt die
Fähigkeit zum Widerspruch. Dem liegt nun nicht mehr ein an göttlichen und staatlichen Ordnungsmustern ausgerichtetes versöhnliches
Gesellschafts- und Literaturverständnis zugrunde, sondern vielmehr
das Wissen, daß das Begehren dem Widerspruch den Weg weist.

2.2 Zur Sozialgeschichte des Hofmeisters im 18. Jahrhundert

> „Ja der Haß gegen die Hofmeister ist
> ein ewiges Grundgesetz der Natur"
> [Goethe, *Über das was man ist,* in:
> MA Bd. 1.2, S. 300].

> „Der Informator.
> Bav kam die Kinder zu erziehen; /
> Der Amtmann freu'te sich. / Im
> kurzen ward, durch sein Bemühen, /
> Der Hühnerhund erzogen meister-
> lich." [(Samuel Gotthold Lange:)
> Einer Gesellschaft auf dem Lande
> poetische, moralische, ökonomische
> und kritische Beschäftigung. Erstes
> Stück. Halle 1777, S. 28].

Nicht von ungefähr kommt es, daß der Beruf und die Lebensform des Hofmeisters im 18. Jahrhundert Gegenstand zahlreicher fiktionaler Texte wurden. Die meisten schreibenden Intellektuellen, die sich in der Mitte des 18. Jahrhunderts als eigene bürgerliche Intelligenzschicht formierten, kannten den Hofmeisterstand aus eigener Erfahrung. Nach wie vor bestimmte die soziale Herkunft die Berufswahl. Während Angehörige der Oberschicht ihre Universitätsausbildung meist mit einem juristischen Studium abschlossen, studierten Angehörige der Mittelschicht, die aus ökonomisch beengten Verhältnissen stammten, ein philologisches Fach oder Theologie. Nach Beendigung des Studiums wurden sie in aller Regel nicht sofort von ihren Heimatkirchen in eine feste Pfarrstelle übernommen. Sie mußten als Privatinformatoren oder Hofmeister – beides sind zeitgenössische Berufsbezeichnungen – einige Jahre überbrücken.[6] Für die konkrete Erziehungsarbeit der Hofmeister bedeutete dies, daß sie neben den Lerninhalten im engeren Sinn auch Sozialstandards einer aristokratischen Schicht vermitteln mußten, die sie nicht von ihrer eigenen Erziehung her kannten. Dies betraf neben der erwarteten Universalbildung vor allem Formen des gesellschaftlichen Um-

---

[6] Vgl. Bruford (1979) [¹1936], S. 233.

gangs (Benimmregeln) ebenso wie schichtenspezifische Ausdrucks-
formen (musische Erziehung, Klavierspiel, Malerei, Tanz etc.). Wie
ein Hofmeister von einer adligen Familie behandelt wurde, hing ausschließlich von dieser ab. Berufsständische Regeln, die seine Rechte formulierten – denn der Hofmeister gehörte nicht zu den Dienst-
boten –, gab es nicht, lediglich umfangreiche Pflicht- und Tugend-
kataloge.[7] Allerdings gab es Empfehlungen, Verhaltensrichtlinien und
Bücher, in denen die Vor- und Nachteile der Privaterziehung thematisiert wurden, wie beispielsweise August Bohses *Der getreue Hofmeister adelicher und bürgerlicher Jugend* (Leipzig 1706), Wolff
Bernhard von Tschirnhauß' *Getreuer Hofmeister auf Academien und
Reisen* (Hannover 1727), Carl Müllers *Schädlichkeit der Hauser-
ziehung für Erzieher, Zögling und Staat* (Stendal 1783) u. a. m. Noch
Adolph Freiherr von Knigge hatte 1788 in seinem Buch *Über den
Umgang mit Menschen* im Kapitel über die Erziehung und Schulbil-
dung des Menschen Grund zu der folgenden Feststellung:

> Überhaupt verdienen ja diejenigen wohl mit vorzüglicher Achtung behan-
> delt zu werden, die sich redlich dem wichtigen Erziehungsgeschäfte wid-
> men. Es ist wahrlich eine höchst schwere Arbeit, Menschen zu bilden –
> eine Arbeit, die sich nicht mit Gelde bezahlen läßt. Der geringste Dorfschul-
> meister, wenn er seine Pflichten treulich erfüllt, ist eine wichtigere und
> nützlichere Person im Staate als der Finanzminister, und da sein Gehalt
> gewöhnlich sparsam genug abgemessen ist, was kann da billiger sein, als
> daß man diesem Manne wenigstens durch einige Ehrenbezeugung das Le-
> ben süß und das Joch erträglich zu machen suche? Schämen sollten sich die
> Menschen, die den Erzieher ihrer Kinder als eine Art von Dienstboten be-
> handeln! Möchten sie nur bedenken (wenn sie auch nicht fühlen können,
> wie unedel dies Betragen an sich schon ist), welchen nachteiligen Einfluß
> dies auf die Bildung der Jugend hat. Es kann mir durch die Seele gehn,
> wenn ich den Hofmeister in manchem adeligen Hause demütig und stumm
> an der Tafel seiner gnädigen Herrschaft sitzen sehe, wo er es nicht wagt,
> sich in irgendein Gespräch zu mischen, sich auf irgendeine Weise der übri-
> gen Gesellschaft gleichzustellen, wenn er sogar den ihm untergebenen Kin-
> dern von Eltern, Fremden und Bedienten der Rang vor ihm gegeben wird,
> vor ihm, der, wenn er seinen Platz ganz erfüllt, als der wichtigste Wohltäter
> der Familie angesehn werden sollte. – Es ist wahr, daß es unter den Män-
> nern dieser Art hie und da solche gibt, die eine so traurige Figur außer ihrer
> Studierstube spielen, daß man nicht wohl auf einem bessern Fuß mit ihnen
> umgehn kann; allein das widerlegt nicht dasjenige, was ich von der Ach-

---

[7]   Vgl. etwa Büsching (1760) und Kiesel / Münch (1977), S. 74.

tung gesagt habe, die man diesem Stande schuldig ist. – Wehe den Eltern, die ihre Kinder solchen selbst nicht erzogenen Mietlingen anvertrauen! –[8]

Wurde ein Hofmeister von einer Familie zur Erziehung der Kinder benötigt, so konnte man sich an regelrechte Vermittlungsinstitute wenden.[9] Die bekanntesten „Hofmeistermakler"[10] der Aufklärung waren August Hermann Francke, Christian Felix Weiße, Christian Fürchtegott Gellert und Johann Jakob Engel. Der Pietist Francke hatte in Halle ein Waisenhaus gegründet und wurde wegen seines sozialen und pädagogischen Engagements geschätzt. Weiße begründete die erste deutschsprachige Kinderzeitschrift *(Kinderfreund)* und war in Leipzig tätig. Gellert lehrte ebenfalls in Leipzig und war einer der wichtigsten empfindsamen Schriftsteller der Aufklärungsliteratur; seine Tätigkeit als Hofmeistervermittler wird auch von Lenz in der Erzählung *Zerbin oder die neuere Philosophie* angesprochen. Engel schließlich lehrte in Berlin und ist neben Nicolai einer der wichtigsten Vertreter der Aufklärung in Deutschland und entschiedener Gegner der Sturm-und-Drang-Literatur. Zu den bekanntesten Hofmeistern des 18. Jahrhunderts zählen neben Gellert und Weiße noch Gleim, Heyne, Musäus, Hamann, Winckelmann, Herder, Boie, Voß, Lenz, Wagner, Jean Paul, Kant, Hölderlin, Fichte, Hegel und Schleiermacher.[11] Der Hofmeisterhandel fand in Jean Pauls *Levana* eine eindrucksvolle parodistische Gestaltung.[12]

Ein Hofmeister verdiente im Durchschnitt pro Jahr nicht mehr als fünfzig Taler, bei freier Kost und Logis.[13] Das reichte kaum aus, um die ökonomische und soziale Abhängigkeit vom Arbeitgeber zu überwinden. Hierin kann man durchaus die Anfänge der Herausbildung eines akademischen Proletariats und den Beginn einer schleichenden Verelendung vieler Intellektueller sehen, die also eng mit der Emanzipationsbewegung des Bürgertums im 18. Jahrhundert verknüpft ist. Nicht besser stand es mit den Lehrern in öffentlichen Schu-

---

[8] Knigge (1987) [¹1788], S. 246.
[9] Vgl. Fertig (1979), S. 57 ff. und 60 ff. Dort auch weiterführende Literatur.
[10] Ebd. S. 60.
[11] Vgl. Bruford (1979), S. 235.
[12] Vgl. das *Geträumte Schreiben an den sel. Prof. Gellert, worin der Verfasser um einen Hofmeister bittet* im *Komischen Anhang und Epilog des ersten Bändchens* zum *Levana*.
[13] Vgl. Bruford (1979), S. 234.

len.[14] Die meisten Lehrer beispielsweise in der Kurmark verdienten
im Jahr 1774 zwischen zehn und vierzig Taler jährlich und waren
damit auf eine Nebenbeschäftigung als Küster, Gemeindeschreiber,
Handwerker oder Lohnarbeiter angewiesen.[15] Neben die ökonomische Misere des Bildungssystems trat der mangelnde Bildungsgrad
der Lehrer. So berichtet z. B. das Protokoll einer Dorfschullehrerwahl
von 1729, das mit der Aufzählung der von dem Kandidaten gesun-
genen Lieder beginnt:

a) O Mensch, beweine dein . . . ; b) Zeuch ein zu deinen Thoren . . .; c)
Wer nur den lieben Gott läßt . . . ; Doch Melodie ging ab in viele andere
Lieder; Stimme sollte stärker sein, quekte mehrmalen, so doch nicht sein
muß. Gelesen Josua 19, 1–7 mit 10 Lesefehlern; buchstabirte Josua 18, 23–
26 ohne Fehler. Dreierlei Handschriften gelesen – schwach und mit Stok-
ken; drei Fragen aus dem Verstand, hierin gab er Satisfaction. Aus dem
Catech. den Decalog und die 41. Frage recitirt ohne Fehler; dictando drei
Reihen geschrieben – fünf Fehler; des Rechnens auch nicht kundig.[16]

Die allenthalben von der Volksaufklärung geforderte Alphabetisierung und Bildung der unteren Schichten barg für die herrschende
Feudalaristokratie auch die Gefahr möglicher Revolutionsbereit-
schaft. Deshalb war dem aufgeklärten Absolutismus in Deutschland
wenig daran gelegen, die soziale Situation der Hauslehrer wie der
Lehrer an öffentlichen Schulen nachhaltig zu verbessern. Die hofmeisterliche Erziehung und universitäre Ausbildung junger Adliger hatte das Ziel, den status quo der Machtverhältnisse langfristig zu si-
chern, es war eine Erziehung zu loyalen Staatsbürgern oder Hof-
beamten. Dieser Zwang gegenüber der eigenen gesellschaftlichen
Schicht und der eigentlichen politischen Macht wurde direkt an die
Hofmeister weitergegeben, die damit einem dreifachen Zwang un-
terworfen waren: 1) Der *soziale Zwang* erlaubte es ihnen nicht, sich
über ihre bürgerliche Herkunft und damit über sozialdistinkte Le-
bens- und Verhaltensweisen hinwegzusetzen. 2) Der *ökonomische
Zwang* führte die Hofmeister in immer größere Abhängigkeit von
der adligen Familie. Um diese Abhängigkeit etwas zu mildern, mußten sie sich dem sozialen Zwang bedingungs-, und das heißt wider-
spruchslos unterwerfen. 3) Dies führte schließlich zu einem *psychi-*

---

[14] Zum Schulwesen im 18. Jahrhundert vgl. Wehler (1987) Bd. I, S. 281–
292 u. Kiesel / Münch (1977), S. 67–76.
[15] Vgl. Kiesel / Münch (1977), S. 69.
[16] Zit. nach Kiesel / Münch ebd.

schen Zwang, der Verinnerlichung des sozialen Loyalitätsgebots. Der Hofmeister mußte sich selbst nach innen zur äußersten Affektkontrolle zwingen, um seine durch den sozialen und den ökonomischen Zwang bedingte Lebenssituation etwas zu mildern. Dies betrifft nicht nur die affektive Reaktion auf adlige Herrschaftsarroganz, sondern vor allem den extrem tabuisierten Bereich der Sexualität zwischen adliger Mutter oder Tochter und dem Hofmeister. In der extremsten Form konnte dieser Zwang durchaus zu autoaggressiven Handlungen führen, wie die Selbstkastration in Lenz' *Hofmeister* zeigt. Aus der folgenden zeitgenössischen Notiz geht hervor, daß dies kein literarisierter, also fiktional überhöhter Einzelfall war:

Der Hofmeister.
In einem deutschen Intelligenzblatt las ich neulich folgende Anzeige:

Il est arrivé ici à la ville de M-, un ecclésiastique *(Eunuque)* qui souhaite d'être gouverneur d'enfans. Sa bonne conduite, moeurs & talens le rendent recommendable à celui qui voudroit lui confier ses enfans.

Es ist weit mit den Verderbnissen unsrer Sitten gekommen, wenn unter die Talente eines Hofmeisters auch der *Eunuque* als eine vorzügliche Empfehlung gehört.[17]

Lenz hat diesen dreifachen Zwang im *Hofmeister* auf zwei Diskursebenen thematisiert, im *Sexualitätsdiskurs* und im *Erziehungsdiskurs*.

---

[17] *Olla Potrida* (1779), Nr. 4, S. 313. [Übersetzung: „In der Stadt M- ist ein Geistlicher *(Eunuch)* eingetroffen, der als Hauslehrer tätig zu sein wünscht. Sein gutes Betragen, seine guten Sitten und Begabungen weisen ihn als empfehlenswert für diejenigen aus, die ihm gerne ihre Kinder anvertrauen wollen." (Traduction de: Mimi, que je remercie ici)].

2.3 Der Hofmeister oder Vorteile der Privaterziehung. Eine Komödie (1774)

> „Lassen Sie sich auch den Hof-
> meister, ein originelles deutsches
> Lustspiel kommen!" [Johann Martin
> Miller an Ernst Theodor Johann
> Brückner, 10. Juli 1774].

> „Lesen Sie den Hofmeister, wie ich
> schon hundertmal sagte." [Friedrich
> Maximilian Klinger: Das Leidende
> Weib, 3. Akt, 2. Szene].

Die Handschrift des *Hofmeister*-Dramas, die 1771/72 in der endgül-
tigen Gestalt entstand und nicht unerhebliche Abweichungen zur
Druckfassung von 1774 zeigt, trägt im Untertitel die später wieder
gestrichene Gattungsbezeichnung Lust- und Trauerspiel.[18] Daß hier-
von im Druck nur noch die Bezeichnung „eine Komödie" übrigge-
blieben ist, zeigt wohl keine generelle theoretisch-konzeptuelle Neu-
bestimmung von Lenz an, wenn man zum Vergleich Lenz' Überlegungen aus den *Anmerkungen* heranzieht. Der *Hofmeister* ist als
Tragikomödie angelegt und knüpft unmittelbar an die programma-
tischen Aussagen der *Anmerkungen* an. Nimmt man diesen Text als
Leitfaden der Interpretation des *Hofmeisters*, erschließt sich erst die
tragikomische Struktur des Dramas.

Äußerlich betrachtet bleibt der *Hofmeister* der von Horaz[19] postu-
lierten fünfaktigen Dramenkonzeption verpflichtet. Doch zeigt bereits die Szenenfolge innerhalb der einzelnen Akte, daß die Fünfaktigkeit des Dramas lediglich ein Zugeständnis des Autors an den
Erwartungshorizont seines zeitgenössischen Publikums ist. Der Sinn

---

[18] Seit 1986 liegt die Handschrift des *Hofmeisters* zusammen mit dem
Erstdruck in einer mustergültigen Parallelausgabe vor: J. M. R. Lenz:
Der Hofmeister. Synoptische Ausgabe von Handschrift und Erstdruck
hgg. v. Michael Kohlenbach. Basel / Frankfurt a. M. 1986. – Ein gründli-
cher Vergleich von Handschrift und Druckfassung steht in der Forschung
noch aus. Vgl. dazu jetzt Guthrie (1991).

[19] Horaz, *Ars poetica*, Vers 189 f. – Aristoteles dagegen favorisierte das in
drei Akte gegliederte Drama (vgl. *Poetik* Kap. 7,3).

der Verteilung des dramatischen Geschehens auf fünf Akte lag ja
gerade darin, daß sich damit ein bestimmtes dramaturgisches Ent-
wicklungsgesetz verband: Der erste Akt sollte der Exposition des
dramatischen Themas dienen, der zweite Akt hatte eine die Handlung beschleunigende und damit dynamisierende Funktion, im dritten Akt wurde der Höhe- und Umschlagspunkt (Peripetie) der Handlung erreicht, der vierte Akt hatte eine retardierende Funktion, und
im fünften Akt vollzog sich die erwartete Katastrophe (sofern es sich
um eine Tragödie handelte) oder die im Gelächter aufgehende Lösung der komischen Situation (sofern es sich um eine Komödie handelte).

Bei Lenz nun übernehmen die Einzel*szenen* die recht unterschiedlichen Funktionen in der Entwicklung des Spannungsbogens. Damit
wird bereits ein konzeptuelles Prinzip von Lenz evident, das er sowohl auf der äußerlichen, scheinbar ausschließlich technischen Ebene
entfaltet wie auf der inhaltlichen Ebene der Signifikantenketten
(Figurenkonstitution, Diskursführung, Motiventwicklungen etc.).
Man kann dieses Prinzip durchaus als *Kontrastierungsverfahren*
bezeichnen. Dies besagt, daß nicht die ausschließliche Darlegung
der Negation den Widerspruch bezeichnet, vielmehr eröffnet die
Darstellung von Position *und* Negation den Blick auf das Wider-
sprüchliche. Lenz unterläuft mit allen dramaturgisch zur Verfügung
stehenden Mitteln und Finessen die Vorgaben der normativen Aufklärungspoetik, er setzt den Widerspruch an die Stelle der Affirmation
und zwingt die Zuschauer so zur ständigen Auseinandersetzung mit
ihrem Erwartungshorizont, bestenfalls zu dessen Korrektur. Das
Gesetz der Fünfaktigkeit des Dramas und damit der formalen Ge-
schlossenheit des Spannungsbogens bleibt im *Hofmeister* erhalten,
zugleich aber wird es auch unterlaufen durch die Aufwertung der
Szenenfunktionen. Eine Strukturskizze des *Hofmeisters* kann veranschaulichen, wie die Architektonik des Dramas in die einzelnen
Szenen, in die dramatischen Situationen hinein verlagert wird:

Akt I/Szene 1:   Monolog Läuffers – Erziehungsdiskurs
I/2:   Hofmeisterthema – Erziehungsdiskurs
I/3:   Vorführung der Verhaltensstandards eines Hofmeisters – Erzie-
          hungsdiskurs
I/4:   Verschränkung des Erziehungsdiskurses mit dem Sexualitäts-
          diskurs (Gustchen)
I/5:   Sexualitätsdiskurs (konventionelles Liebesversprechen)
I/6:   Sexualitätsdiskurs als Fiktion („Romane") diffamiert; Ausbildung
          zur Vernünftigkeit als Überwachen von Sexualität (Fritz von Berg)

II/1:   Herrschaftsdiskurs als Erziehungsdiskurs, Aufklärungspositionen: orthodoxe Aufklärung (Pastor) versus kritische Aufklärung (von Berg)

II/2:   Sexualitätsdiskurs (Läuffer – Gustchen)

II/3:   Thematisierung des Komischen (Studentenleben, Lessings *Minna von Barnhelm*)

II/4:   Exemplifizierung von Lenz' Komödiendefinition, komische Situation

II/5:   Sexualitätsdiskurs, Kastrationsmotiv

II/6:   Sozialleben von Gustchens Eltern

II/7:   Erziehungsdiskurs, Hofmeister (als Kontrastfigur zum Hofmeister Läuffer) vertritt Aufklärung als Zitat

III/1: Knüpft an II/6 an; Peripetie

III/2: Erziehungsdiskurs, kritische Aufklärungspädagogik (Wenzeslaus)

III/3: Erziehungsdiskurs (von Seiffenblases Hofmeister – von Berg)

III/4: Erziehungs- und Sexualitätsdiskurs, (Läuffer – Wenzeslaus)

IV/1:   Erziehungs- und Sexualitätsdiskurs

IV/2:   Sexualitätsdiskurs (Kind als Folge nicht überwachter Sexualität)

IV/3:   Zusammenführung von erziehungs- und sexualitätsdiskursivem Handlungsmotiv

IV/4:   Erziehungsdiskurs (Vaterbild Gustchens)

IV/5:   Erziehungsdiskurs (Versöhnung Vater – Tochter)

IV/6:   Erziehungsdiskurs; Fritz als Repräsentant des aufgeklärten Ordnungsdiskurses; Sozialcharakter (Verhaltensstandards) der Unterschicht (Rehaar)

V/1:   Anagnorisisszene, Läuffer erkennt sein Kind

V/2:   Sozialcharakteristik (vgl. IV/6)

V/3:   Sexualitätsdiskurs (Kastration)

V/4:   Erziehungsdiskurs (vgl. IV/6 und V/2)

V/5:   Erziehungsdiskurs (Verhaltensstandards), Teichoskopieszene

V/6:   Sexualitätsdiskurs, Gustchen als Opfer männlicher Verführung

V/7:   Sexualitätsdiskurs; Zusammenführung der Kontrastierungsebenen (Jungfer Rehaar bekommt auch ein Kind)

V/8:   Handlungssteigerung (dynamisierende Funktion)

V/9:   Sexualitätsdiskurs (Läuffer – Wenzeslaus)

V/10:   Sexualitätsdiskurs (Läuffer – Lise)

V/11:   Versöhnungsszene; Vorbereitung eines empfindsamen Schluß-tableaus

V/12:   Sexualitäts- und Erziehungsdiskurs (Gustchens Reue; Pätus' / Rehaars Heirat); Destruktion des Schlußtableaus

Das Recht auf Emanzipation der Sinnlichkeit, das sich als diffuser ‚Trieb' Anspruch verschafft und auch so von der Aufklärungstheorie logofiziert wird, kollidiert mit den Ansprüchen und Forderungen einer feudalaristokratisch-bürgerlichen Gesellschaft. Die Affekt- und Leidenschaftsmodellierung soll in erster Linie Gegenstand der hofmeisterlichen Erziehung sein. Das ständische Privilegiendenken des Städters wie des Landadligen kennt kein Recht auf eine Liebes-Beziehung oder gar wilde Leidenschaften. Dem Adligen bleibt das Vorrecht seiner Klasse auf Verführung bzw. Vergewaltigung, dem Bürger der Gang ins Bordell und dem Repräsentanten der unteren Mittelschicht, dem Dorfschullehrer Wenzeslaus nur die Empfehlung diätetischer Lebensführung (vgl. III/4, insbesondere den „Toback", der „die bösen Begierden mit einschläfert")[20]. Lenz reproduziert mit dieser Perspektive natürlich den Standpunkt des männlichen Blicks, der der einzig legitime Blick der patriarchalen Gesellschaft der 1770er Jahre ist.

Der Diskurs über die Erziehungsfrage, ob nun das Kind eines Adligen eine öffentliche Schule besuchen oder eher privat durch einen Hofmeister erzogen werden soll, wird von Lenz mit einem zweiten Diskurs verknüpft, der Frage nach der Mündigkeit weiblicher Sexualität. In diesem Sinn wird im folgenden auch der Diskursbegriff gebraucht: Der Diskurs ist jener Ort, wo sich Macht und Begehren treffen, wo das Begehren gegen Machtverhältnisse opponiert und die Herrschaft der Vernunft als Organ der Macht das Begehren kontrolliert.[21] Der literarische Diskurs insbesondere ist jener Ort, der als Bedingung der Möglichkeit von Rebellion (des Begehrens gegen die Macht) und Repression (der Macht gegenüber dem Begehren) Umkehrungsverhältnisse, Gegenmodelle erproben oder reale Gewaltverhältnisse darstellen, karikieren kann. Literatur kann hier beschreibend, analytisch oder antizipatorisch wirken. In der Kontrastierung von Rebellion und Repression entfaltet beispielsweise Lenz die Macht des Widerspruchs.

Von den insgesamt fünfunddreißig Einzelszenen des *Hofmeisters* befassen sich nahezu alle mit dem Erziehungs- oder Sexualitätsdiskurs, in einigen werden beide Diskurse augenfällig zusammengeführt oder einem dritten Diskurs, dem Herrschaftsdiskurs, eingeschrieben.

---

[20] Zitate aus den Dramen werden stets mit römischer Akt- und arabischer Szenenzahl angegeben.

[21] Vgl. Foucault (1991) [¹1972]. – In einer Anmerkung in *Sexualität und Wahrheit* Bd. 1 spricht Foucault im Hinblick auf Lenz' *Hofmeister* von einer „Überlagerung des Familiendispositivs durch das Sexualitätsdispositiv" (Foucault 1986 [¹1976], S. 113).

2.3.1 Die Diskutanten des Erziehungsdiskurses

In Szene II/1, deren Bedeutung schon aus der inhaltlich parallelen Anordnung zu Szene I/1 hervorgeht, wird der Erziehungsdiskurs erstmals thematisch ausführlich entfaltet. Der Vater des Hofmeisters, des ‚Titelhelden‘, spricht beim Geheimen Rat Herr von Berg vor. Die Szene spielt in Insterburg, es entwickelt sich ein sehr einseitiges Streitgespräch, da Vater Läuffer sich von Beginn an in die Defensive gedrängt sieht. Der junge Läuffer, Herrmann (vgl. II/5), ist bereits im dritten Jahr Hofmeister bei der Familie des Majors von Berg. Der Beruf des Adjunkts, einer Art Hilfskraft im öffentlichen oder kirchlichen Dienst, und der Beruf des Pfarrers wurden vom Vater dem jungen Hofmeister versagt, und „bei der Stadtschule hat mich der Geheime Rat nicht annehmen wollen" (I/1), heißt es in der Expositionsszene des Dramas. Von Berg ist also selbst derjenige, der – ungeachtet seiner Rolle als Verfechter der öffentlichen Schulerziehung – dem jungen Läuffer die Anstellung in einer öffentlichen Schule verwehrt. Bereits hier zeigt sich Lenzens Kontrastierungstechnik, der Adlige von Berg, der die Macht über die Anstellung als Schullehrer in einer öffentlichen Schule hat, zwingt den Bewerber Läuffer, wenn er seinen Lebensunterhalt selbst verdienen will, dazu, sein Auskommen als Hofmeister zu suchen. Damit unterstreicht Lenz den falschen Gestus der Emanzipiertheit von Bergs in II/1. Dessen Forderung nach einer öffentlichen Schulerziehung (Dorf- und Stadtschulen) von Adligen und Bürgerlichen erweist sich als bloß rhetorische Geste, und Lenz charakterisiert den Adligen als das, was er ist: Der Rekurs auf eine emanzipiert-aufgeklärte Erziehungshaltung wird vom Geheimen Rat nur so lange gepflegt, wie es keiner Veränderung bestehender Verhältnisse bedarf. Die Ironie oder der Zynismus von Bergs geht so weit, dem Vater zu sagen, er solle froh sein, wenn sein Sohn die Anstellung als Hofmeister verlöre. Wäre Herr von Berg jetzt bereit – man befindet sich in II/1 ja bereits am Anfang des dritten Jahres der Anstellung Herrmann Läuffers als Hofmeister –, den jungen Läuffer als Lehrer in der Stadtschule anzustellen? Der Text wirft die Frage in dem Augenblick auf, wo hinter der Rolle des Geheimen Rats nicht länger der Autor Lenz vermutet wird. Insbesondere gibt die Aufdringlichkeit, mit der von Berg das Wort „Freiheit" im Munde führt, zu denken: „Ohne Freiheit geht das Leben bergab rückwärts, Freiheit ist das Element des Menschen wie das Wasser des Fisches, und ein Mensch der sich der Freiheit begibt, [. . .] ermordet sich selbst" (II/1). Zweifelsohne vertritt im Pädagogischen wie in der Frage der Staatsordnung der Geheime Rat die Position des aufgeklärten Absolutismus, wonach zwar die Teilhabe von Bürgerlichen an gesellschaftlicher Macht und Verantwortung durchaus zugestanden, dem bürgerlichen Emanzipationswillen also nachgekommen wird, nicht aber generell die monarchische Regierungsform in Frage gestellt ist. Die göttliche *und* die weltliche Ordnung sind im Sinne des aufgeklärten Absolutismus unantastbar. Vor diesem Hintergrund ist nun von Bergs Sprache der politischen Emanzipation kritisch differenziert zu sehen. Die wichtigsten Punkte seiner aufgeklärten Kritik sind im wesentlichen folgende: (1) individuelle Freiheit (Selbstbestimmung), (2) Selbstachtung (integre Lebensführung, Harmonie von Handeln und moralischem Sollen), (3) Staats*diener*funktion, Staatsgehorsam (Staatsräson), und (4) selbstverschuldete Unmündigkeit, Selbstbetrug.

Der Verlust der individuellen Freiheit (vgl. Punkt 1), der als Selbstmord bezeichnet wird, ist nach von Bergs Meinung einzig auch individuell zu verantworten. Ökonomische oder gesellschaftliche Zwänge, die einen jungen Menschen wie Läuffer überhaupt erst in die Lage gebracht haben, den Verlust von Freiheit, so er sie denn je zuvor besessen hatte, zu riskieren, interessieren den Adligen nicht. Für ihn bedeutet Freiheit eher ein Definitionsmerkmal gefälliger Lebensführung, denn eine soziale und historische Notwendigkeit. Dies geht besonders aus dem zweiten Argument seines Plädoyers für die öffentliche Schulerziehung hervor: „wenn er [sc. der junge Läuffer] sich's gefallen läßt, desto schlimmer; er hat den Vorrechten eines Menschen entsagt, der nach seinen Grundsätzen muß leben können, sonst bleibt er kein Mensch" (II/1). Auch hier stellt sich wieder die Frage, ob das Thema der Selbstachtung (vgl. Punkt 2) und der moralischen Integrität, die meist mit der Vorstellung einer Autonomie des Willens verknüpft ist, ausschließlich moralisch-definitorisch abgehandelt werden kann oder ob nicht vielmehr Selbstachtung und Lebensgrundsätze Ausdruck eines sozialständischen Privilegs sind. Die Einwände des Vaters, Pastor Läuffer, versuchen, die idealistisch aufgeklärte Kritik des Geheimen Rats mit pragmatischen Überlegungen zu konterkarieren: „Was wollte mein Sohn anfangen, wenn Dero Herr Bruder ihm die Kondition aufsagten? [. . .] Man muß eine Warte haben, von der man sich nach einem öffentlichen Amt umsehen kann. [. . .] Hauslehrer taugen zu nichts – wie können Sie mir das beweisen?" (ebd.). Der Bürgersohn Herrmann Läuffer genießt nicht die Geburtsprivilegien eines Adligen – diese Sicht verstelllt sich aber von Berg, da er den Pragmatismus des Va-

ters als Ursache für die hofmeisterliche Unfreiheit verdächtigt. Denn die individuelle Freiheit und die Maxime der Selbstachtung haben dort ihre Grenzen, wo sie utilitaristischen Ansprüchen (vgl. Punkt 3) genügen müssen. Der junge Läuffer soll nicht Staatsbürger werden, sondern Staatsdiener, nicht gehorsam gegenüber einem „Edelmann" (ebd.) sein, sondern dem Staat gegenüber – der aber auch durch diese Edelmänner repräsentiert wird –, seine Freiheit nicht einer Privatperson verkaufen, sondern dem Staat – der aber auch durch diese Privatpersonen repräsentiert wird. „Laßt den Burschen was lernen, daß er dem Staat nützen kann. Potz hundert Herr Pastor, Sie haben ihn doch nicht zum Bedienten aufgezogen, und was ist er anders als Bedienter, wenn er seine Freiheit einer Privatperson für einige Handvoll Dukaten verkauft? Sklav ist er, über den die Herrschaft unumschränkte Gewalt hat [. . .]" (II/1). Wer diesen Staat repräsentiert, durch wen er verkörpert wird in einem Duodezfürstentum der 1770er Jahre, bleibt vom Geheimen Rat unreflektiert. Und schließlich entlarvt Lenz auch das letzte Argument (vgl. Punkt 4) als vermeintlich emanzipatorisches. Der Furor („meine üble Gewohnheit, daß ich gleich in Feuer gerate, wenn mir ein Gespräch interessant wird", ebd.) aufgeklärt-kritischer Rede treibt von Berg zu einer fast zynischen Feststellung: Das Elend der Hofmeister sei selbstverschuldet, die Unmündigkeit selbstgewählt, die Misere Ergebnis eines vorsätzlichen Selbstbetrugs.

Ihr beklagt euch so viel übern Adel und über seinen Stolz, die Leute sähn Hofmeister wie Domestiken an, Narren! was sind sie denn anders? [. . .] Aber wer heißt euch [!] ihren Stolz nähren? Wer heißt euch [!] Domestiken werden?, wenn ihr was gelernt habt, und einem starrköpfischen Edelmann zinsbar werden, [. . .]? (Ebd.).

Wes ist die Schuld? Wer ist schuld dran, als ihr Schurken von Hauslehrern? Würde der Edelmann nicht von euch in der Grille gestärkt, einen kleinen Hof anzulegen, wo er als Monarch oben auf dem Thron sitzt [. . .], so würd er seine Jungen in die öffentliche Schule tun müssen. (Ebd.).

Der Geheime Rat redet an dieser Stelle als Standesrepräsentant, der sich nicht an den bürgerlichen Pastor Läuffer richtet, sondern der sich allgemein an den anderen Stand („euch") wendet. So verräterisch dieser unmerkliche Wechsel vom höflichen Personalpronomen („Euch") zum Kollektivsingular („euch") ist, so bezeichnend ist er für die Position des Geheimen Rats. Von Berg stellt gesellschaftliche, Ökonomie und Macht betreffende Verhältnisse auf den Kopf, macht die Opfer zu mitverantwortlichen Tätern, wenn er den Bürgerlichen vorwirft, daß sie die Adligen in ihrer Herrschaftsrolle bestätigten. Damit reduziert er ein komplexes Machtverhältnis auf die letztlich transzendentalphilosophisch begründete Behauptung, daß der Gang in die Sklaverei eine Frage des freien Willens wäre. Auch hier tritt die Frage nicht in von Bergs Reflexionshorizont (und gerade dadurch erscheint sie als um so deutlicher aufgeworfen), inwieweit überhaupt die sozialhistorische Realität eines Hofmeisters die Rebellion gegen solche Herrschaftspraktiken zuläßt und wer und aus welchen Gründen an der Perpetuierung dieser Verhältnisse interessiert ist. Lenz konnte insbesondere diesen Punkt der Emanzipationsrhetorik von Bergs nicht besser kontrastieren als durch Läuffers zornigen Ausruf „mit dem verfluchten Adelsstolz!" (II/5). Die weitere Entwicklung nach II/1 erweist die Rede des Geheimen Rats eben als rhetorische Geste. Lenz bringt das falsche Bewußtsein von Bergs auf den Punkt, seinen Charakter bezeichnet er in der Handschrift als „hochmüthig"[22].

Die ‚Lösung' der Hofmeisterfrage deutet sich in der Empfehlung an den Pastor an: „Lernt etwas und seid brave Leut" (II/1). Daß man aber auch von etwas leben muß, scheint dem Geheimen Rat fremd zu sein.

Lenz lenkt also von Beginn an die Aufmerksamkeit auf die Bedeutung herrschaftlicher Strukturen im Erziehungsdiskurs. Der Geheime Rat von Berg nimmt dabei die Position der *aufgeklärten Kritik* ein, die letztlich aber nicht zur Änderung der bestehenden Machtverhältnisse führt. Die Kritik ist Gegenstand eines Gesprächs und nur insoweit lebensweltlich fundiert, als von Berg seine Söhne Fritz und Karl nicht von Hofmeistern erziehen läßt. Die Kritik endet aber dort, wo das Stück beginnt, wo nämlich der Bürgerliche Herrmann Läuffer die Möglichkeit hätte haben können, statt seine Freiheit aufzugeben und als Hofmeister zur Festigung der Standesprivilegien (Privaterziehung der Adligen) beizutragen, eher dem Staat hätte als Lehrer in der Stadtschule dienen können. Die aufgeklärte Kritik ändert also allenfalls etwas für die herrschenden Adligen bzw. deren Söhne, nicht aber für die Bürgerlichen. Der Vater Herrmann Läuffers hingegen ist Repräsentant einer *orthodoxen Aufklärung*, deren Pragmatismus nicht darüber hinwegtäuscht, daß auch sie an den bestehenden Verhältnissen nichts ändert oder ändern kann. Einen weite-

---

[22] Vgl. Lenz, Hofmeister (1986), S. 64: „*Aug.* Mein Onkel ist eben so eigensinnig als mein Vater [. . .].
Läf. Eigensinnig nennst du das? hochmüthig nenn' es. der Teuffel hole den Adel der euch immerfort sticht".

ren Typus im Diskutantenensemble des Erziehungsdiskurses stellt der Hofmeister des adligen Studenten von Seiffenblase dar, der in II/7 eingeführt wird. Bei diesem Hofmeister verkommt die pädagogische Aufklärung zum Zitat, das nur noch der Selbststilisierung dient, sich jeglicher reflexiven Kritik und jedweder Form von Pragmatismus enthebt. Selbst unter – vermutlich – Gleichaltrigen geriert sich der von Seiffenblasesche Hofmeister, der bezeichnenderweise namenlos bleibt, also lediglich einen Typus repräsentiert, als Vertreter aufgeklärter Weltklugheit: „Aber Herr von Berg, wir müssen in der Welt mit Vernunft handeln" (II/7)[23], „man muß erst eine Weile unter den Menschen gelebt haben um Charaktere beurteilen zu können" (ebd.). Diese Szene (II/7) kontrastiert mit I/3 und I/4, in allen drei Szenen werden neben der eigentlichen Handlungsführung zugleich auch Verhaltensstandards der adligen Gesellschaft vorgestellt. In I/3 wird die Komplimentierkunst Läuffers durch die Majorin auf die Probe gestellt, Lenz zeigt hier, daß sich das Komplimentierwesen, jene Zeremonialwissenschaft, die sich auf einen Regelkatalog von Verhaltensweisen bei Hofe gründete, als Relikt der feudalen Gesellschaft noch in der Umbruchphase zur bürgerlichen Gesellschaft im ausgehenden 18. Jahrhundert erhalten hat. Der Hofmeister wird entindividualisiert, zum bloßen Träger herrschaftlicher Zeichenhaftigkeit: „Merk Er sich, [. . .] daß Domestiken in Gesellschaften von Standespersonen nicht mitreden" (I/3). Für die Majorin ist der Hofmeister nicht mehr als ein Domestik. Der Umgangston des Majors hingegen ist freundlicher, er spricht mit Läuffer nicht im Befehlston der dritten Person Singular, sondern redet ihn an mit seinem bürgerlichen Namen „Herr Läuffer" (I/4). Auch erlaubt er ihm, sich während des Gesprächs zu setzen. Allerdings verliert sich der freundliche Ton in dem Moment, wo das Gespräch auf die noch offene Honorarfrage kommt. In absolutistischer Manier kürzt der Major das Jahresgehalt um ein weiteres, bevor er zum eigentlichen Anliegen kommt: „ich habe eine Tochter" (ebd.). Mit dieser Bemerkung überstellt der Major dem Privatlehrer die schulische Ausbildung seiner Tochter, die damit indirekt in das Handlungsgeschehen eingeführt wird, bevor sie selbst zu Wort kommt. Die Macht des Vaterwortes ist der Tochterleibhaftigkeit stets voraus, es ist die Signifikanz einer patriarchalen Geste, die Ökonomie, Erziehung und Überwachung der Sexualität umspannt. Beide Männer, Adliger wie Bürgerlicher,

---

[23] In der Handschrift folgt noch der Zusatz: „und die Gutherzigkeit ist oft sehr übel angebracht" (Lenz, Hofmeister, 1986, S. 76).

Vater und Lehrer, Militär und (angehender) Pfarrer sprechen über die abwesende Frau. Im Gegensatz zur Majorin, deren Appell sich auf Verhaltensstandards bezog, hat der Appell des Vaters die Tochter zum Gegenstand: „Merk Er sich das – und wer meiner Tochter zu nahe kommt oder ihr worin zu Leid lebt – die erste beste Kugel durch den Kopf. Merk Er sich das" (I/4).

Wird Aufklärung im Mund des namenlosen Hofmeisters zum Zitat und zeigen die kontrastierenden Szenen II/7 und I/3 bzw. I/4, daß ein Hofmeister lediglich eine bestimmte Funktion zu erfüllen hat, die nicht nach den vom Geheimen Rat vorgebrachten Kriterien der individuellen Freiheit, der Selbstachtung, der Willensautonomie und der Mündigkeit fragt, so muß nun ein weiterer Diskutant des Erziehungsdiskurses untersucht werden, der Dorfschullehrer Wenzeslaus. In III/2 wird Wenzeslaus als eine Person eingeführt, die vollständig dem Idealbild des aufgeklärten Menschen entspricht, Wenzeslaus wird zum Statthalter einer *idealen Aufklärung.* Er fragt weder nach Läuffers Stand noch nach seinem Ansehen, gewährt ihm vielmehr Schutz vor Verfolgung, ohne die Gründe dafür zu kennen, – eine mutige Haltung, denn das Dorf und die Dorfschule stehen unter dem Patronat des Schloßherrn, Major von Berg. Läuffer nimmt Wenzeslaus gegenüber den falschen Namen „Mandel" (III/2) an, der selbst wieder auf die Schutzbedürftigkeit (Mantel) des Weggelaufenen verweist.[24] Die Charakteristik des Hofmeisterstands durch den Schulmeister treibt die Kontrastierung beider Figuren erst deutlich hervor. Lenz rückt in unmittelbarem Anschluß an die Peripetie des Dramas in III/1 noch einmal die Frage nach der richtigen Erziehung in den Mittelpunkt, nachdem bereits die Positionen des Geheimen Rats, des Pastors, des Hofmeisters von von Seiffenblase vorgestellt worden waren. Der Hofmeisterstand ist für Wenzeslaus „einer von denen, [. . .], die alleweile mit Rosen und Lilien überstreut sind und wo einen die Dornen des Lebens nur gar selten stechen. Denn was hat man zu tun? Man ißt, trinkt, schläft, hat für nichts zu sorgen" (ebd.). Im Gegensatz zum Geheimen Rat verhandelt Wenzeslaus das Erziehungsthema nicht aufgeregt oder mit ständischer Arroganz, sondern mit fast stoischer Gelassenheit. Selbst durch den plötzlichen Einfall des Grafen Wermuth in das Schulzimmer läßt er sich nicht in der Ausführung seiner Überlegungen stören. Jetzt ist nicht

---

[24] Der Name ‚Läuffer' dagegen bezeichnet ein Doppeltes: Das Lakaienhafte des Hofmeisterstandes und – wie das livländische ‚Läufling' – den Flüchtling. Vgl. Hupel (1795), S. 135.

mehr der lehrende Hofmeister Objekt eines Verweises auf zivilisatorische Verhaltensstandards, sondern ein Adliger: „Herr, in unserm Dorf ist's die Mode, daß man den Hut abzieht, wenn man in die Stube tritt und mit dem Herrn vom Hause spricht" (III/2). Wenzeslaus verkörpert jetzt jenes selbstbewußte Auftreten, das der Geheime Rat von den Hofmeistern gefordert hatte. In III/4 wird das Gespräch über das Erziehungsthema fortgeführt. Läuffer scheint nun die wahren Herrschaftsverhältnisse erkannt zu haben und ruft emphatisch aus: „Haben Sie [sc. Wenzeslaus] nie einen Sklaven im betreßten Rock gesehen? O Freiheit, güldene Freiheit!" (III/4). Diese Erkenntnis nähert seinen Standpunkt der Position des Geheimen Rats an. Die Kontrastierung der Diskutanten und ihrer je unterschiedlichen Argumente wird im dritten Akt auf die Spitze getrieben. Die ursprüngliche Allianz von Vater und Sohn Läuffer, die darin bestand, den Hofmeisterstand zu rechtfertigen, ist nun zerbrochen, der Sohn unterzieht seine eigene Existenz und Tätigkeit einer eingehenden Kritik und geht damit scheinbar ein Argumentationsbündnis mit dem Geheimen Rat ein, während die Argumente des Vaters Läuffer durch Wenzeslaus noch weiter zugespitzt werden, gleichsam von der Rechtfertigung zum Lobgesang. Es kommt zu einer für die Schürzung des dramatischen Knotens konstitutiven diskursiven Überkreuzstellung:

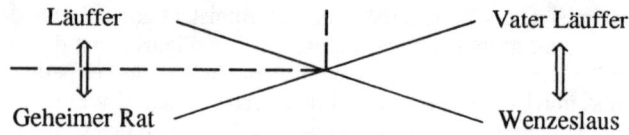

Läuffer   Vater Läuffer

Geheimer Rat   Wenzeslaus

Damit stellt sich Herrmann Läuffer gegen seinen Vater, er handelt zum erstenmal eigenständig und eigenverantwortlich, wie es im Erziehungsgespräch zwischen dem Geheimen Rat und dem Pastor in II/1 der Geheime Rat gefordert hatte. Doch ist das Argumentationsbündnis zwischen Adligem und dem bürgerlichen Pastorensohn nur scheinbar. Aufgrund der Vorgabe in der Expositionsszene I/1, wonach Läuffer vom Geheimen Rat nicht in der Stadtschule als Lehrer angestellt worden war, sind auch hier die Kontraste noch deutlicher hervorgetrieben. Unter der Freiheit, die er emphatisch vom Hofmeister verlangt hatte, begriff von Berg vor allem die eigene Freiheit, weniger die Freiheit des anderen. Vor diesem Hintergrund läßt sich eine dreifache Widerspruchsposition ausmachen, die der Hofmeister bezieht: (1) Widerspruch zum Vater, (2) Widerspruch zu

Wenzeslaus, und (3) Widerspruch zum Geheimen Rat. Diese Widerspruchsposition des Hofmeisters ist in die vier unterschiedlichen Positionen der Diskutanten des Erziehungsdiskurses und in die Entfaltung des Sexualitätsdiskurses integriert:

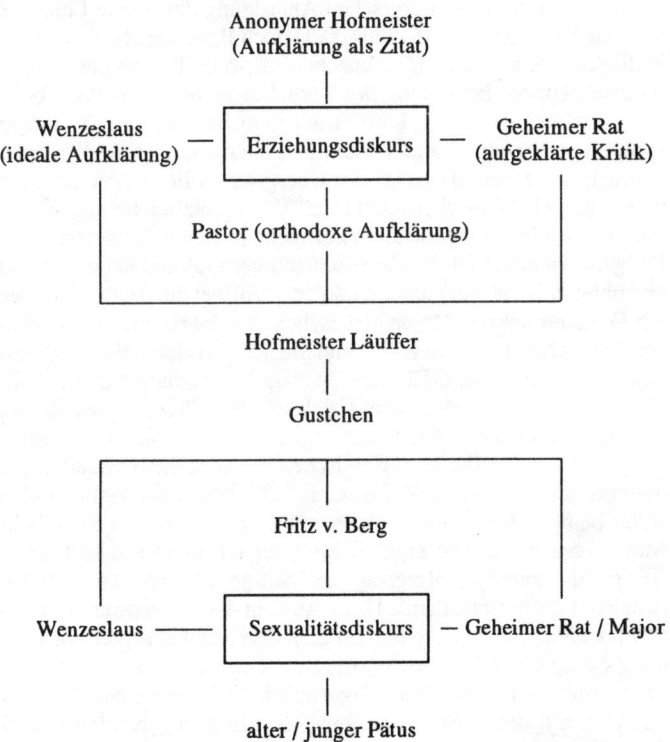

Läuffer erweist sich damit als jenes Gelenk, das dramaturgisch die Verschränkung von Erziehungsdiskurs und Sexualitätsdiskurs gewährleistet. Dies soll abschließend analysiert werden.

2.3.2 Erziehungsdiskurs und Sexualitätsdiskurs. Interpretation von Szene II/5

In Szene II/5 wird das Thema der verbotenen Sexualität von Lenz im *Hofmeister* erstmals expressis verbis problematisiert. Auch hier zeigt sich in der dramaturgischen Anordnung der Szene Lenz' geschickte Kontrastierungstechnik, steht doch II/5 (Gustchen – Läuffer) in direktem Kontrast zu I/5 (Gustchen – Fritz).[25] Bereits das Szenenrequisit hebt die Bedeutung des Sexualitätsdiskurses hervor: Gustchen liegt auf dem Bett, Läuffer auf dem Bett sitzend, die Atmosphäre von Privatheit und Vertrautheit kann kaum exakter evoziert werden. Im Gegensatz zu I/5 (im Übergang zu I/6) treten nun nicht mehr der Onkel Gustchens und Fritz' Vater plötzlich herein, präsentieren sich die Protagonisten nicht mehr in deutlich übersteigerter Pathetik, vielmehr ist der Gesprächston vertraut und äußerst direkt. Die ökonomische Notsituation Läuffers eröffnet die Szene. Auf vierzig Dukaten hat der Major inzwischen den Jahreslohn für Läuffer gedrückt. Das entspricht etwa hundertachtzig Gulden, die wiederum einen Wert von etwa dreihundertsechzig Reichsmark hatten.[26] Zum Vergleich: Ein Lehrer an einer Lateinschule in Preußen bekam zwischen sechshundert und tausendzweihundert Reichsmark, das Ministergehalt von Goethe betrug zwischen zweitausendvierhundert und dreitausendsechshundert Reichsmark.[27] Die Intervention von Läuffers Vater beim Geheimen Rat, dieser möge sich für seinen Sohn beim Major verwenden, war ergebnislos, „der Geheime Rat will nicht" (II/5). Zum zweitenmal versagt der Adlige also dem bürgerlichen Bittsteller die entscheidende Hilfe. Auch in dieser Szene erweist sich nicht der Vater von Gustchen, sondern deren Onkel als die entscheidungsbefugte Macht- und Autoritätsperson, – eine interessante Variante zum herkömmlichen bürgerlichen Trauerspiel des 18. Jahrhunderts mit dem Mittelpunkt einer fest in sich ruhenden väterlichen Autorität. Läuffers Entschluß scheint gefaßt, er muß den Dienst quittieren, außerdem gesteht er das Scheitern seiner pädagogischen

---

[25] Szene II/2 kann m. E. vernachlässigt werden, sind doch Gustchen und Läuffer noch weit von einem sexuellen Verhältnis entfernt. Zudem scheint Läuffer noch die Rolle des postillon d'amour zu erfüllen („Hätt ich das gewußt; ich hätt Ihren Brief so lang zurückgehalten, [. . .]"). Diese Szene fehlt übrigens in der Handschrift vollständig.

[26] Umrechnung nach Bruford (1979), S. 310 f.

[27] Vgl. ebd. S. 313.

Arbeit mit Gustchens Bruder Leopold ein. Für Gustchen hingegen ist Läuffer die einzige Person in ihrer „Einsamkeit" (II/5), die sie als Mensch *und* als Frau wertschätzt. Unter dem Diktat einer „barbarischen Mutter" (ebd.), vom Vater, von der ganzen Familie mißachtet, fühlt sie sich „gehaßt, verachtet, ausgespien" (ebd.). Hinzu kommt, daß es Läuffer verboten ist, Briefe an seine Schülerin zu schreiben („deines Vaters Verbot, Briefe mit mir zu wechseln", ebd.), von Pastor Läuffer selbst stammt dieses Verbot. Die beiden Individuen befinden sich daher in einer extremen Krisensituation, ihre Leidenschaft ist förmlich umstellt vom Erwartungsdruck der bürgerlichen Gesellschaft, die keine Beziehungsidentität zwischen Gustchen und Läuffer zuläßt. Die Bündelung der Krisen (Läuffers ökonomische und berufliche Krise, das Vaterverbot, Gustchens Identitätskrise) weist auf die Katastrophe voraus. Läuffers Kastrationsangst zeigt die elementare Krisenhaftigkeit der Liebesbeziehung. Zunächst scheint das Kastrationsmotiv nicht mehr als ein literarisches Motiv zu sein, das effektvoll die dramatische Handlung dynamisiert – und ist so auch von der Forschung lange gelesen worden –, doch bündelt sich hier zugleich auch die Bedeutung des Sexualitätsdiskurses im *Hofmeister*. In der Handschrift heißt es:

Aug. Aber um meinetwillen Läuffer – halt noch ein wenig aus! Soll ich dich erinnern was wir uns beyde versprochen haben.
Läuff. Ganz gut, aber was soll denn endlich aus uns werden Gustchen? Ich hab Ursache zu vermuthen daß es mit dir nicht zum besten steht und wenn einer deiner Verwandten nur das geringste einmal merkte, könnt' es mir gehen wie Abälard –
Aug. (richtet sich auf) Was hast du zu vermuthen? ich versichere dich du irrst dich. Wenn es so weit kommt, werde ich dirs gewiß vorher sagen. Ich befind mich nicht wohl, das ists alles – Aber sage mir wie gieng es dem Abä – Abard – wie hieß er? was war das für einen?
Läuff. Es war auch ein Hofmeister, der seine Untergebene heyrathete, hernach erfuhrens die Anverwandte und liessen ihn kastriren
Aug. (legt sich wieder auf den Rücken) O pfuy doch! wenn geschah das? ists lange, daß das geschehen ist –
Läuff. Ja ich weiß es nicht, ich habe nur so bisweilen in der neuen Heloïse geblättert u da die Geschichte gefunden, es kann auch wol nur eine blosse Erdichtung seyn. Willst du das Buch lesen? [. . .].[28]

---

[28] Lenz, Hofmeister (1986), S. 66.

Läuffers Verdacht, daß Gustchen schwanger ist, wird in der Handschrift entschiedener als in der Druckfassung von Gustchen zurück-
gewiesen. Statt dessen sagt sie in der Druckfassung: „Meine Krankheit liegt im Gemüt – Niemand wird *dich* mutmaßen –" (II/5, Hervorhebung M. L.). Zum zweiten wird die Anspielung auf die Kastration Abälards nur in der Handschrift verständlich, denn in der Druckfassung sagt Gustchen, Liebe setze sich „über Verbot und Todesge-
fahr selbst" (ebd.) hinweg, kalkuliere also vorsätzlich die Verletzung von bürgerlichen Verhaltensnormen ein. Läuffer reagiert auf
diese Forderung mit Angst vor der Kastration. Gustchen scheint die
Anspielung zu kennen, dementiert den Verdacht und *sie* fragt dann
unvermittelt: „Hast du die Neue Heloïse gelesen?" (ebd.). In der
Handschrift hingegen wird der Schwangerschaftsverdacht von *Läuffer* formuliert, und *darauf* gründet sich die geäußerte Kastrationsangst, zudem kommt der Hinweis auf Rousseaus *Julie ou La Nouvelle
Heloïse* von ihm selbst. Läuffer hat also Angst davor, daß *andere*
ihn kastrieren als Strafe dafür, daß er Gustchen unstandesgemäß heiraten möchte und vorehelichen Geschlechtsverkehr mit ihr hatte. Dies
galt als Sakrileg, bedeutete doch die Jungfräulichkeit der Tochter
dem Vater einen symbolischen, aber desto tabuisierteren Brautpreis.
Lenz thematisiert also zweierlei: Das Verbot der vorehelichen Sexualität und den Verstoß gegen die Standesnorm (keine standesge-
mäße Beziehung zwischen einem Bürgerlichen und einer Adligen
ohne garantiertes Einkommen). Das bedeutet die Unmöglichkeit einer Liebesheirat in der bürgerlichen Gesellschaft des 18. Jahrhunderts über Standesgrenzen hinweg. Die Frage ist nun, wie es von der
Kastrationsangst als Angst vor der Drohung des väterlichen Verbots
von sexueller Aktivität zur Selbstkastration, von der Angst zur
Selbstbestrafung kommt? Vor dem Hintergrund dieser Fragestellung
wird dann die Frage „Wer hat Gustchens Kind gezeugt?"[29] weniger
wichtig, ist doch die Vaterschaftsfrage aus dem Stück eindeutig nicht
zu beantworten.[30]

---

[29] So der Titel eines Aufsatzes von Lappe (1980).

[30] Vgl. ebd., Lappe analysiert auch ausführlich die Zeitebene des Stücks. –
Schmied (1985), S. 52, vermutet, daß Lenz die Dauer einer Schwanger-
schaft offenbar nicht gekannt habe. – Eine ganz andere Frage ist es allerdings, ob man von einem bewußten oder unbewußten Irrtum Lenz' sprechen soll, denn m. E. zeigt sich auch gerade in der Durchbrechung von
Zeitstrukturen eines Dramas, die durch die Aufklärungspoetik vorgege-
ben sind, das Widerspruchsbegehren des Autors, das sich bis zur Travestie

Die Angst Läuffers vor der Realisierung der Drohung ist nicht unbegründet. „Ein ganzes Jahr" (IV/1), nachdem Gustchen zu der alten Marthe in eine „Bettlerhütte im Walde" (IV/2) geflohen war – das genaue Fluchtmotiv bleibt vage – und Läuffer beim Schulmeister Wenzeslaus Schutz gefunden hatte, dringen der Major, sein Bruder, Graf Wermuth und Bediente in das Schulhaus ein. In dem Augenblick, wo der Major von Berg den ehemaligen Hofmeister Läuffer sieht, „schießt und trifft [er] Läuffern in Arm" (IV/3). Die Angst Läuffers bekommt damit nachträglich ihre Rechtfertigung. Der Beutel mit Geld, den der Geheime Rat Läuffer als ‚Entschädigung' für die Verwundung zuwirft, ist weniger Ausdruck einer sozialen Tat als vielmehr Ausdruck des Hochmuts, daß ein Adliger sogar noch einem verwundeten Bürgerlichen das Schweigen abkaufen zu können glaubt, wenn man die Textstelle von der Handschrift her deutet: „[. . .] lassen Sie sich davon kuriren u schweigen Sie [. . .]"[31]. Im *Hofmeister* geht es dann überhaupt nicht um die Frage, ob der Hofmeister Herrmann Läuffer Gustchen geschwängert hat oder nicht, sondern es geht Lenz um die Darstellung folgender tragischer Situation: Ein auch zur Erziehung der Tochter angestellter bürgerlicher Hofmeister verursacht den sozialen Fall der adligen Tochter durch das Sakrileg einer Liebesbeziehung. Daß die Tochter später dann auch noch ein uneheliches Kind bekommt, unterstreicht die soziale Dramatik des Falls, bestätigt aber nicht quasi nachträglich den Grund dafür. Denn Läuffer erkennt sehr wohl – in der Handschrift ist dies noch deutlicher als in der Druckfassung –, daß Gustchens Kind nicht sein eigenes Kind ist (vgl. Schluß von V/1), daß er also *verantwortlich* ist für Gustchens enttabuisierte Sexualität *und* ihren Tod. Eine doppelte Schuldverstrickung zeichnet sich ab. Nach der Aussage Marthes muß Läuffer annehmen, daß sich seine ehemalige Geliebte getötet hat. Der etwas dunkle Satz: „Du gehst mir auf, furchtbares Rätsel!" (V/1) erfährt so seine Erklärung, wenn man ihn nach Maßgabe des Lenzschen Kontrastierungsprinzips interpretiert. In der vorletzten Szene des Stücks fragt Fritz seinen Vater: „Sie haben mir das furchtbare Rätsel noch nicht aufgelöst. Hat Seiffenblase gelogen?" (V/11). Fritz will wissen, ob Gustchen lebt und ob sie tatsächlich „entehrt" (ebd.) ist. Das Rätsel besteht also darin, daß weder Läuffer noch Fritz wissen, ob sich Gustchen getötet hat. Beide Män-

---

überkommener Ordnungsmuster wie etwa in der Schlußszene des *Hofmeisters* steigern kann.
[31] Lenz, Hofmeister (1986), S. 112.

ner entwickeln ein schlechtes Gewissen und formulieren Schuld-
vorwürfe an sich selbst, Läuffer in V/3 („„Reue, Verzweiflung" nennt
er als „Bewegungsgründe" für seine Selbstkastration), Fritz in V/6
(„ich bin schuld an ihrem Tode"). Lediglich die Frau selbst, Gustchen,
leidet unter der Macht der internalisierten väterlichen Autorität:
„Mein Gewissen treibt mich fort von hier. Ich hab einen Vater [. . .]"
(IV/2), die versuchte Selbsttötung bestätigt dies nochmals: „Mein
Vater! Mein Vater! [. . .] Sein Bild, o sein Bild steht mir immer vor
den Augen!" (IV/4). Damit tritt deutlich die patriarchale Grundstruktur
im Sexualitätsdiskurs zutage. Selbst die Zusammenführung und
Harmonisierung der Parallelfälle Jungfer Rehaar und Gustchen stiftet die oberste patriarchale Autorität des Stücks, der Geheime Rat
(vgl. II/7). Und auch er ist es, der die Frauen, insbesondere Gustchen,
zum Verstummen bringt, lediglich als Glücksbringerinnen männlicher Wünsche dürfen sie in stummen Rollen und hinter der Bühne
‚agieren‘, die Szene ist vollständig patriarchal besetzt. Die Abwe-
senheit der betroffenen Frauen zeigt, daß eine Lösung der Erziehungsfrage, die zugleich auch die Kritik des Sexualitätsdiskurses
impliziert, nicht ohne die Betroffenen zu finden ist. Die Schlußszene
ist eine „Satire" (I/1) auf alle Harmonisierungssehnsüchte des Bürgerlichen Trauerspiels. Die bemühte Empfindsamkeit (vgl. V/11 und
V/12) und das künstlich gestiftete Schlußtableau konstituieren eine
Erwartungshaltung, die grotesk unterlaufen wird. Fritz, der Stiefvater
des unehelichen Kindes, kennt nicht einmal dessen Geschlecht, er
hält es für einen Jungen („mein süßer Junge!", V/12) und bestätigt
damit seine dumpf männliche Ideologie; was Torheit ist bei den Männern, nennt er „Schwachheit" (V/12) der Frauen, er reproduziert seine über drei Jahre alte Ansicht, daß nur „Frauenzimmer allein" (I/5)
sexuell „unbeständig" (ebd.) sind. Das Stück widerspiegelt in dieser
Hinsicht die patriarchale Misere in Deutschland.[32] Und Läuffer? Er
flüchtet sich in eine Liebesidyllik, die von Lenz so grotesk über-
zeichnet wird[33], daß auch sie nicht als Lösung oder Antwort im
Sexualitätsdiskurs gelesen werden kann. So wie es im Erziehungsdiskurs keine Lösung gibt, bleibt auch die Sexualitätsthematik wider-

---

[32] Vgl. Becker-Cantarino (1987), S. 34, deren Deutung man hier vorbehaltlos
zustimmen kann.

[33] Karl Eibl spricht sich gegen eine zu positive Deutung der Lise-Figur aus,
„Lise ist nicht ‚naiv‘ oder ‚rein‘, sondern eher dumm" und kommunika-
tionsunfähig (vgl. Eibl, 1974, S. 463, Anm. 17).

spruchsvoll.[34] Solange sich die gesellschaftlichen Voraussetzungen nicht ändern, kann auch ein veränderter Diskurs über jene Themen nicht geführt werden, die man als genuine Themen der Familie im bürgerlichen Zeitalter bezeichnen kann, Erziehung und Sexualität. Dem Sexualitätsdiskurs sind ebenso wie dem Erziehungsdiskurs Machtstrukturen eingeschrieben, deren Widerspruch zu utopischen oder komischen Lösungen Lenz überdeutlich hervorgetrieben hat.

---

[34] Zu einer anderen, harmonieweisenden Deutung gelangt Klaus Bohnen, der gerade die Funktion der Erziehungsdebatte darin sieht, „die Richtung des Wegs in eine ‚neue Zeit' anzuweisen [. . .]" (Bohnen, 1987, S. 329).

3   *Der neue Menoza*

Die Komödie *Der neue Menoza oder Geschichte des cumbanischen Prinzen Tandi* wurde aller Wahrscheinlichkeit nach 1773 geschrieben. Vor 1772 kann sie jedenfalls nicht entstanden sein, da im Stück Wielands Roman *Der goldene Spiegel oder die Könige von Scheschian* genannt wird, der 1772 erschienen ist. 1774 wurde *Der neue Menoza* in Leipzig veröffentlicht.[1] Der Titel des Stücks legt die Vermutung nahe, daß Lenz der Roman des dänischen Autors Eric Pontoppidan (1698–1764) *Menoza, en Asiatik Prins som drog Verdem om og søgte Christne* (Kopenhagen 1742–43, 3 Bde.), von dem bereits vier Jahre später eine deutsche Übersetzung vorlag, nicht unbekannt war.[2] Der Titel von Lenz' Stück und das Epitheton ‚neu' erlauben es jedenfalls, einen unmittelbaren Bezug zu Pontoppidans *Menoza* herzustellen. Wie schon im *Hofmeister* sind auch im *Neuen Menoza* die Namen der handelnden Figuren (dramatis personae) sprechende Namen. Dies ist, wie bei den anderen Stücken von Lenz, durchaus auch ein Zugeständnis des Autors an die Komödienkonvention (sächsische Komödie, Typenkomödie) seiner Zeit. Lenz kann dadurch Erwartungshaltungen der zeitgenössischen Rezipienten ein-

---

[1] Zur Entstehungs- und Druckgeschichte vgl. die vorzügliche Ausgabe des *Neuen Menoza* von Walter Hinck (zit. als Lenz, Der neue Menoza, 1965).

[2] Der Titel lautet in der deutschen Übersetzung vollständig: *Menoza, Ein Asiatischer Printz, welcher die Welt umher gezogen Christen zu suchen, Besonders in Indien, Hispanien, Italien, Franckreich, Engelland, Holland, Teutschland und Dännemarck, Aber des Gesuchten wenig gefunden. Eine Schrift, welche die untriegliche Gründe der natürlichen sowohl als der geoffenbahrten Religion deutlich darstellet, und wider die Abwege derer meisten Christen im Glauben und Leben treulich warnet.* Aus dem Dänischen übersetzt [v. Nic. Carstens]. Bde. 1–3. Copenhagen 1747 (vgl. dazu Weißhaupt, 1979, S. 67 ff). – Erstaunlich lange hat die Lenz-Forschung zu einem ausführlichen Vergleich des ‚alten' *Menoza* mit dem *Neuen Menoza* gebraucht (vgl. jetzt Unglaub, 1989).

deutiger enttäuschen, charakterisiert doch den Schluß des *Neuen
Menoza* mehr als nur eine überraschende Wendung. Allerdings sollte auch bei diesem Stück die Gattungsbezeichnung im Untertitel
(„eine Komödie") nicht den Blick auf Lenz' in den *Anmerkungen
übers Theater* entwickelte Komödientheorie verstellen. Der *Neue
Menoza* ist tragikomisch angelegt, die komische Situation im Stück
erfüllt aber – verglichen mit den beiden anderen Tragikomödien *Der
Hofmeister* und *Die Soldaten* – eine ungleich größere, karikierendere
Funktion. Das Motiv des ,edlen Wilden', der die europäische aufgeklärte Zivilisation aus freien Stücken kennenlernen will, wobei sich
aber die scheinbar unzivilisierte exotische Ferne als der wahre Ort
zivilisatorischer Aufklärung erweist, ist ein literarisches Motiv der
Aufklärungsliteratur, ebenso wie im Stück auch Positionen von
Rousseaus Aufklärungs- und Kulturkritik auszumachen sind.[3] Auf
motivlicher wie auf struktureller Ebene stellt Lenz also den *Neuen
Menoza* in eine bestimmte literaturgeschichtliche Tradition. Aus dieser Position heraus wird es ihm erst möglich, mit seiner Aufklärungskritik neben den zivilisatorischen Standards auch die *literarischen* Standards seiner Zeit zu treffen. In diesem Sinn versteht sich
die Interpretationsthese von der Aufklärungskritik als Zivilisationskritik, die gesellschaftliche und historische Gegebenheiten zum Gegenstand hat und zugleich in der Vergegenständlichung der Kritik
das Defizit an literarischer Angemessenheit der Kritik, an dramatischer Sprache offenlegt. Die Zivilisationskritik des *Neuen Menoza*
erfaßt die dramatischen Standards der Zeit, die keine angemessene
Sprache und Struktur der Kritik erlauben, – darin ist eine zentrale
Funktion der Puppenspieldiskussion im Stück zu sehen.

Wie im *Hofmeister* und anders als in den *Soldaten* setzt sich der
engere Figurenkreis des Stücks aus Angehörigen des Adels, genau-

---

[3] *Der neue Menoza* ist von der Forschung bislang eher stiefmütterlich behandelt worden, drei jüngere Arbeiten seien aber genannt, die einige
Aspekte, die hier nicht oder nur ungenügend vertieft werden können,
ausführlicher behandeln: Rector (1989), Koneffke (1990), Pastoors-
Hagelüken (1990). – Liewerscheidt (1983) deutet den *Neuen Menoza* als
apokalyptische Farce auf die überlebte Adelsgesellschaft der 1770er Jahre
(vgl. ebd., bes. S. 145 f. u. 150). – Gerth (1988) hingegen untersucht in
erster Linie innerästhetische Fragen und kommt so zu dem fragwürdigen
Schluß, daß ästhetische und strukturelle Ungereimtheiten des Stücks bereits Auswirkungen von Lenz' späterer Erkrankung darstellten. Im *Menoza*
sei „nicht alles Ergebnis künstlerischer Absicht, sondern einiges auch
Ausfluß des Versagens" (ebd., S. 56).

er des niederen Landadels zusammen. Baccalaureus Zierau und Magister Beza vertreten – auch diese Konstellation ist bereits vertraut – Positionen der Aufklärung, sie werden gewissermaßen als Zeugen der Verteidigung in den Zeugenstand gerufen. Tandi wird als ein „Prinz aus einer andern Welt" (I/1) eingeführt, der die „europäische Welt" (ebd.) kennenlernen will, um beurteilen zu können, „ob sie des Rühmens auch wohl wert sei" (ebd.). In der Absicht des Prinzen, eine Expedition in die Aufklärung zu unternehmen, ist bereits die tragikomische Situation des Stücks angelegt. Die Handlung als Hauptempfindung der Komödie, wie es in den *Anmerkungen übers Theater* heißt, enthält den tragischen Konflikt, denn der Prinz führt seine Beobachtungen bis zu dem Moment, wo er sich selbst des Inzests verdächtigt, ausschließlich im Haus der Biederlings durch, die Figur des Prinzen entwickelt als tragische Person die komische Situation. Lenz konstruiert damit die tragikomische Anlage des Stücks ungleich schärfer als im *Hofmeister* oder in den *Soldaten.* Man kann Walter Hinck zustimmen, der in der „gattungsgesetzlichen Heterogenität" des *Neuen Menoza* die Entsprechung zur „gesellschaftlichen Heterogenität"[4] der 1770er Jahre sieht. Allerdings ist dabei zu beachten, daß Lenz' Theorie der Tragikomödie nicht ausschließlich durch die Vorgabe einer ästhetischen Äquivalenz zu differenten Gesellschaftsschichten motiviert ist. Vielmehr zeigt der bewußte Verstoß gegen poetologische Normen, der Regelverstoß, zugleich die Grenzen aufgeklärter Diskursmöglichkeiten auf, oder anders formuliert: Lenz zeigt, daß der aufgeklärte literarische Diskurs nicht mehr mit emanzipatorischem Bewußtsein über Repression aufklärt, sondern selbst repressiv wird. Herder hatte darauf bereits in seinem *Journal meiner Reise im Jahre 1769* hingewiesen (s. o. Kap. 1, Einleitung). Im Brief vom Juli 1775 schreibt Lenz an Sophie von La Roche, „daß mein Publikum das ganze Volk ist; daß ich den Pöbel so wenig ausschließen kann, als Personen von Geschmack und Erziehung, [...]. Auch sind dergleichen Sachen wirklich in der Natur" (WuB III, S. 326).

Da eine positive Rezeption des *Neuen Menoza* zu Lenz' Lebzeiten ausblieb – Matthias Claudius rezensierte als einer der wenigen den *Neuen Menoza* im *Wandsbecker Boten* zustimmend[5], und Johann Georg Schlosser veröffentlichte 1775 die Verteidigungsschrift *Prinz*

---

4 Lenz, Der neue Menoza (1965), S. 82.
5 Abgedruckt im Textanhang.

Tandi, an den Verfasser des neuen Menoza[6] –, ging Lenz mit einer Selbstrezension an die Öffentlichkeit. Die *Rezension des neuen Menoza von dem Verfasser selbst aufgesetzt*[7] erschien am 11. Juli 1775 in den *Frankfurter gelehrten Anzeigen.* Lenz sieht sich durch die ablehnende Kritik seines Stücks in die Defensive gedrängt, der „Kaltsinn" (WuB II, S. 700) des Publikums verwundert ihn so sehr, daß er nochmals, in direkter Aufnahme seiner Ausführungen in den *Anmerkungen übers Theater* programmatisch benennt, was er als Komödie bestimmt:

Ich nenne durchaus Komödie nicht eine Vorstellung die bloß Lachen erregt, sondern eine Vorstellung die für jedermann ist. Tragödie ist nur für den ernsthaftern Teil des Publikums, [. . .]. Komödie ist Gemälde der menschlichen Gesellschaft, und wenn die ernsthaft wird, kann das Gemälde nicht lachend werden. [. . .] Daher müssen unsere deutschen Komödienschreiber komisch und tragisch zugleich schreiben, weil das Volk, für das sie schreiben, oder doch wenigstens schreiben sollten, ein solcher Mischmasch [. . .] ist. So erschafft der komische Dichter dem tragischen sein Publikum (WuB II, S. 703–704).

Unter dem Druck öffentlicher und privater Kritik dachte Lenz schließlich an eine Umarbeitung des Stücks. Von diesen Plänen ist nur die Schlußszene erhalten geblieben. Personen, die Lenz nahestanden, äußerten sich ablehnend über das Stück. Das läßt sich aus jenem Antwortbrief von Lenz an Sophie von La Roche vom Juli 1775 erahnen: „Sie haben recht; Ihre Anmerkung über meine Stücke habe ich mir zuweilen selbst gemacht, und in meinen künftigen sollen auch keine solche Schandtaten mehr vorkommen" (WuB III, S. 326). Diese Bemerkung bezieht sich auf den *Hofmeister* und den *Neuen Menoza,* den er gar „ein übereiltes Stück, an dem nichts als die Idee schätzbar ist" (ebd.), nennt. Am 28. August desselben Jahres schreibt Lenz an Herder:

Ach, wie ich meinen ‚Menoza' aus dem Innersten meines Schranks wieder hervorlangte und Gott dankte! Denn ich war mutlos, daß ich ihn geschrieben, und er nicht erkannt worden war. Auch Fromme wenden ihr Antlitz

---

[6]   Auszugsweise erstmals wieder abgedruckt im Textanhang. – Eine Rezension von Schlossers *Menoza*-Schrift erschien am 8. September 1775 in den *Frankfurter gelehrten Anzeigen* (abgedruckt im Textanhang). Ob diese Rezension allerdings von Lenz stammt, wie Daunicht vermutet, scheint mir sehr zweifelhaft (vgl. Daunicht, 1942, S. 43 ff.).

[7]   Siehe Textanhang.

von mir, dacht ich. Ich verabscheue die Szene nach der Hochzeitsnacht. Wie konnt ich Schwein sie auch malen! Ich, der stinkende Atem des Volks, der sich nie in eine Sphäre der Herrlichkeit zu erheben wagen darf. Doch soll mirs ein Wink sein. (WuB III, S. 333).

Die Selbstvorwürfe und die offensichtlichen moralischen Bedenken, die Lenz hatte und die nur die Szene III/3 als jene „Szene nach der Hochzeitsnacht" betreffen können – „wir sind Mann und Frau miteinander" sagt Wilhelmine dort, als sie erfährt, daß Prinz Tandi ihr (vermeintlicher) Bruder ist –, sind nur zu verstehen, wenn man sie auf das *Faktum* des unwissentlichen Geschwisterinzests bezieht. Die Szene als solche ist, selbst mit rigidesten Maßstäben gemessen, völlig unverfänglich. Lenz verschiebt also die Selbstvorwürfe von dem Faktum auf dessen Diskursivierung, obwohl in der Selbstbezichtigung „ich Schwein" gleichzeitig eine unbewußte Rechtfertigung zu sehen ist, nennt er doch in demselben Brief (!) einige Zeilen zuvor und mit Bezug auf sein Drama *Die Wolken* das Ur- und Vaterbild aller Komödienschreiber Aristophanes „ein Schwein und doch bieder" (WuB III, S. 333)[8], dessen Seele „nicht vergeblich" (ebd.) in ihn (!) gefahren sei.

Lenz' gesellschaftlich-historische Bestimmung der Komödie als adäquate Diskursform der ständisch-bürgerlichen Gesellschaft der 1770er Jahre unterläuft, wie bereits zum *Hofmeister* bemerkt wurde, die klassische Regel der Ständeklausel. Erst der Regel*verzicht* treibt das kritisch-emanzipative Bewußtsein hervor. Demzufolge verzichtet Lenz auch wieder auf die Beachtung der klassischen drei Einheiten von Ort, Zeit und Handlung. Insbesondere die Einheit des Orts wird schon in der Ortsangabe auf der Titelseite des Stücks karikiert, „der Schauplatz ist hie und da".

---

[8] Zu der anderen, für Lenz' Psychographie noch wichtigeren Autorität und Vaterfigur Plautus vgl. Luserke / Weiß (1991).

3.1 Der Diskurs des aufgeklärten Wissens als Gegenstand von Zivilisationskritik, Aufklärungskritik und Dichtungskritik. Interpretationen zu Szene I/1, I/7, II/4, II/6 und V/1

Prinz Tandi ist als der *neue* Menoza zweifelsohne die Hauptperson des Dramas, der edle und gebildete Wilde entspricht so gar nicht den Vorurteilen eurozentrischen Denkens. In Europa geboren, kam er durch Jesuiten nach „Cumba" (I/1), das die Chiffre für exotische und d. h. uneuropäische, unaufgeklärte Herkunft ist. Dort erfährt er, der – genealogisch betrachtet – Sohn eines niederen Adligen und Unteroffiziers, den steilen sozialen Aufstieg, vom Pagen über die Adoption als Sohn des Königs bis zum Thronfolger. In der Erzählung über die Hofintrige, durch die er arretiert wurde, da er sich dem Inzest mit seiner (Adoptiv-)Mutter verweigert hatte, stellt sich Tandi durchaus als moralisch aufrechter Aufsteiger dar. Diese wenigen Informationen der Expositionsszene genügen Lenz, um die beiden Spannungspole, durch die die dramatische Handlung vorangetrieben wird, zu benennen. Es geht um den kritischen Diskurs über aufgeklärte Zivilisation und Sexualität, insbesondere um die Inzestthematik. Ein Zugeständnis an den moralischen Rigorismus aufgeklärter Literatur und Kritik mag es sein, daß es sich in beiden Fällen nicht – also weder mit der Adoptiv-Mutter noch mit der (vermeintlichen) Schwester Wilhelmine – um Inzest im eigentlichen, sondern im uneigentlichen Sinn um ‚Inzest in den Köpfen' handelt. Dies verstärkt letztlich aber nur die Bedeutung des Sexualitäts*diskurses,* macht es doch erst auf das mentalitätsgeschichtliche psychohistorische Faktum aufmerksam. Entscheidend für den literarischen Diskurs ist demnach nicht die Tatsache, sondern die Diskursivierung der Tatsache, womit sich fiktionale Literatur ihre Bedeutung als eigenständige und – historisch betrachtet – unverzichtbar notwendige Diskursform sichert.

Die Kritik Tandis an der europäischen aufgeklärten Zivilisation betrifft zunächst den Komplex aufgeklärter Bildung und aufgeklärten Wissens. Der Bericht des Prinzen über seine Weigerung, mit der angenommenen Mutter einen inzestuösen Ehebruch zu begehen, führt ihn gleich in der Eingangsszene als Vertreter europäischer Verhaltensstandards vor, gepaart mit einem hohen Anteil moralischer Rigidität. Das für die kulturelle Entfaltung einer Zivilisation unabdingbare

Inzesttabu befolgt der ‚edle Wilde', als sei er ein zivilisierter Europäer, wobei der Text offenläßt, ob dies mit seiner europäischen Herkunft – „ich bin in Europa geboren" (I/1) – begründet oder wiederum ein Zugeständnis an die zeitgenössischen Rezeptionsstandards ist. Entscheidend jedenfalls ist, daß sich der Fremde in seiner Heimat dem Inzest entzog. Mit Erfolg widersetzte er sich dort dem Druck moralischer und religiöser Gebote (man kann davon ausgehen, daß er jesuitisch erzogen wurde, vgl. I/1). Im Ausland nun, seiner wahren Heimat, wo er die aufgeklärte Zivilisation kennenlernen will, begeht er den Inzest mit der Schwester, bis sich herausstellt, daß dies ein Irrtum ist. Erheblich gesteigerter als im *Hofmeister* arbeitet Lenz im *Neuen Menoza* mit diesen Spiegelungs- und Brechungstechniken, wonach Wahrheit so lange normstiftend ist, bis sich zeigt, daß die Wahrheit in Wahrheit die Unwahrheit ist und die Norm als gesellschaftliche, moralische oder religiöse Norm grundsätzlich in Frage gestellt ist. Das Wissen im Sinne aufgeklärter Erkenntnis bietet also keine Gewähr dafür, daß das Wissen auf historischer, gesellschaftlicher oder familialer Richtigkeit beruht. Wahrheit und Richtigkeit fallen im *Neuen Menoza* so weit auseinander, daß durch die Erkenntnis dieser Diskrepanz deutlich die Notwendigkeit vor Augen gestellt werden kann, den Nutzen der Aufklärung neu zu bestimmen. In dieser Hinsicht ist der *Neue Menoza* sicherlich eines der radikalsten Stücke von Lenz, doch verweigert er auch hier das positive Gegenbild. Wie konstitutiv die Erkenntnisleistung dieses Wissensdiskurses für das Stück insgesamt ist, zeigt sich daran, daß vom Anfang bis zum Schluß eine dramatische Linie gezogen wird, die direkt in die Schlußszenen V/2 und V/3 mündet.

In I/7 staffiert die Regieanweisung den fremden Prinzen mit den Requisiten des Wissens aus, „er sitzt an einem Tisch voll Büchern, eine Landkarte vor sich" (I/7, im Original kursiv). Baccalaureus Zierau wird in das Stück als diejenige Person eingeführt, die den aufgeklärten Diskurs nicht mehr versteht, sondern nur noch reproduziert. Auch sein Name ist, wie die meisten Figurennamen in Lenz' Stücken, ein sprechender Name. Das Wissen ist Zier des gebildeten Gesprächs, enthoben seiner ursprünglichen Erkenntnisleistung, Zierat wird Zitat, das nur noch Trugbild wahren und wahrhaften Wissens vorspiegelt. Lenz entlarvt schonungslos den imperialen Gestus europäischer Zivilisation.[9]

---

9 Wie modern diese Debatte um den Eurozentrismus wissenschaftlicher Thesenbildung ist, zeigt der vor kurzem auch öffentlich geführte Disput

Zwar zitiert Zierau sinngemäß richtig, was er vom Hauptmann
von Biederling vernommen hat, wenngleich schon die Unterschei-
dung von aufgeklärten und aufgeklärteren „Nationen Europens" (I/7)
auf die Ausbildung eines chauvinistisch übersteigerten National-
bewußtseins verweist. Doch ist die Formulierung des zweiten Satz-
teils, nämlich die aufgeklärt-europäischen Sitten in den unzivilisierten
„väterlichen Boden zu verpflanzen" (ebd.), mehr als nur eine Unter-
stellung. Es ist Ausdruck der Erwartung eines Europäers, Aufklärung als Beschleuniger des zivilisatorischen Prozesses in die nicht-
aufgeklärten – und das bedeutet aus der eurozentrischen Sicht unzivilisierten – Länder zu importieren[10].

Dieser Erwartungshaltung, die sich selbst als unreflektiert, eben
nur als Zitat zu erkennen gibt, entgegnet der Prinz eindeutig: „Das
ist meine Absicht nicht" (ebd.). Der sich nun entspinnende Dialog
zwischen Zierau und Prinz Tandi gleicht einem inversen sokratischen
Dialog, in dem die Maieutik nicht mehr die Funktion hat, die Sokra-
tische Wahrheit und die Unwahrheit und Unwissenheit des Dialog-
partners ans Licht zu bringen. Tandi ist jetzt der höflich fragende,
einsilbige Stichwortgeber, der Zierau regelrecht sich selbst bloß-
stellen läßt. Das aufgeklärte Wissen des Baccalaureus wird als ein
Inventar von Aufklärungsstereotypen entlarvt. In dieser Rolle hat
Lenz die Figur des namenlosen Hofmeisters von Seiffenblases aus
dem *Hofmeister* noch weiter typisiert. Bildung und Wissen haben
ihren ‚Sitz im Leben' verloren, Aufklärung ist zur Deklamation verkommen. „Die Verbesserung aller Künste aller Disziplinen und Stände", „das Licht der schönen Wissenschaften", „die Fackel", „Verbesserung und Verfeinerung unsrer Nation", das „Wohl des Ganzen" (ebd.) – diese unveräußerlichen Argumente eines aufgeklärten
Diskurses werden in Zieraus Mund ihrer ursprünglichen emanzipa-
torischen Absicht entkleidet und dienen nur noch als Folie, vor der
der gelehrte Aufklärer sich selbst produziert. Er hat ein Manuskript

---

zwischen Hans Peter Duerr und Norbert Elias um dessen Zivilisations-
theorie.
[10] Vgl. etwa die zahlreichen Reiseberichte, die in dieser Zeit veröffentlicht
wurden und die ausnahmslos den aufgeklärten Fortschrittsoptimismus
teilen, wonach den im Naturzustand lebenden unzivilisierten Völkern
europäische Kultur vermittelt werden sollte. Selbst ein so kritisch reisen-
der Aufklärer wie Georg Forster (1754–1794), der an Cooks zweiter
Forschungsreise von 1772 bis 1775 teilgenommen hatte, kann sich diesem proselytischen Denken nicht entziehen.

geschrieben, das er dem fremden Adligen widmen möchte, den In-
halt hält er für so revolutionär, daß er ihn nur *„leise"* (ebd.) Tandi
mitteilen kann. Das Manuskript trägt den beziehungsreichen Titel
„,,die wahre Goldmacherei; oder, unvorgreifliche Ratschläge, das
Goldene Zeitalter wieder einzuführen; oder, ein Versuch, das Goldene Zeitalter . . .'" (ebd.). Der Autor Zierau stellt sich damit in die
Traditionslinie des Fürstenspiegels, Wielands Roman *Der Goldene
Spiegel, oder die Könige von Scheschian, eine wahre Geschichte*
von 1772 wird auch ausdrücklich genannt. Diesen utopischen Ent-
würfen der „Einrichtung eines vollkommnen Staats" der im Modus
der Möglichkeit denkenden Aufklärung, hält der Prinz seinen Wirk-
lichkeitssinn gegenüber, „ich nehme die Menschen lieber wie sie
sind" (ebd.). Die „Wenns" (ebd.) Zieraus, wonach die Erziehung
der Menschen verändert, die Geistlichen redlicher, die Judikative
solider und die ständischen Unterschiede in der Gesellschaft aufge-
hoben werden müssen, hebelt Tandi mit pragmatischer Schlichtheit
aus. Die Welt wird durch das Beschreiben der Utopie, durch die
Diskursivierung des Bestehenden und dessen Negation „kein Haar
besser oder schlimmer" (ebd.). In der Rückgabe des Manuskripts
verdichtet sich die Ablehnung des aufgeklärten Diskurses zum Sym-
bol. Die Aufklärungskritik Tandis erreicht an diesem Punkt einen
entschiedenen Ausdruck. Zieraus Reaktion zeigt die Hilflosigkeit,
mit der die ,Zitat-Aufklärung' mit Kritik umgeht. Die *„petites mai-
sons"* (ebd.) sind das Pariser Irrenhaus, die Kritik gehört nach der
Lesart dieser Aufklärungsrepräsentanten verwahrt und psychiatrisiert
– eine bizarre Vorwegnahme von Lenz' eigenem Schicksal. Die
Diffamierung der Kritik als Wahnsinn bleibt als einziger Ausweg
aus der Aufklärungsmisere. Dies ist der Punkt, wo Aufklärung in
Barbarei umschlägt, sich die Aufgeklärten als die wahren Barbaren
erweisen.[11]

Bereits in II/4 hat der Prinz den Entschluß gefaßt, zurückzureisen.
Seine anfängliche Naivität, in der er die Inspektionsreise nach Europa angetreten hatte, ist der Erkenntnis der wirklichen Verhältnisse
gewichen. Im aufgeklärten Europa – so bilanziert er – trifft er keine
edleren, größeren, vielumfassenderen, vieltätigeren Menschen (vgl.
II/4) an als bei sich zu Hause. Im Gegenteil, er nennt den „aufgeklärte[n] Weltteil" (ebd.) einen „Morast" (ebd.), in dem er zu erstik-
ken drohe. Der Sittenverfall und die in sich selbst leerlaufenden

---

[11] Vgl. dazu die Diagnose Adornos / Horkheimers in der *Dialektik der Aufklärung* (1984) [¹1944], S. 19 ff.

Diskurse sind die beiden Punkte, woran sich seine Kritik entzündet. Aufklärung stiftet nur noch Surrogate und Trugbilder, statt „Feuer und Leben" nur „lallender Tod", statt „Handlung" nur „Geschwätz" (II/4). Das Wissen bleibt äußerlich, an der Oberfläche des Verstandes, der Zwang zu diskursivieren beraubt das Wissen seines praktischen Vollzugs. Diese Kritik Tandis trifft auch das Affektverhalten der aufgeklärten Gesellschaft, wahre „Empfindung" (ebd.) sei den Europäern unbekannt, das Wort verdecke nur spärlich das Begehren, Tugend sei nur ein Vorwand. In Szene II/2 hatte Tandi den Grafen Camäleon zum Duell gefordert, da dieser sich „der Glorie der Schönheit unheilig genähert" (II/2) habe. In der Affektlage des eifersüchtigen Liebhabers geriert sich der Prinz wieder – wie in der Eingangsszene – als Verteidiger und Muster eines aufgeklärt-bürgerlichen Ehrbegriffs. Vor diesem Hintergrund werden nun die beiden Diskurse deutlich erkennbar, die Lenz in der Generalkritik Tandis in II/4 zusammenführt, es geht um Wissen und Sexualität. Dem „Fernglas der Vernunft" (II/4), durch das der Prinz noch fünf Jahre lang europäische Nationen betrachten will, steht die ‚Lupe der Leidenschaft' gegenüber, unter der er sein Begehren nach Wilhelmine von Biederling klar erkennt. Seiner Aufklärungskritik gibt er eine Wendung, indem er unvermittelt um Wilhelmines Hand anhält. Der kritische Diskurs über aufgeklärtes Wissen erfährt dadurch aber keine Zäsur. Vielmehr beschleunigt ihn Lenz noch, indem er in II/6 einen weiteren Aufklärungsrepräsentanten einführt, Magister Beza. Richard Daunicht verweist bei dieser Figur auf den Theologen Theodor Beza (de Bèze) (1519–1605) als der möglichen historischen Vorlage zu Lenz' Beza-Figur.[12]

Allerdings läßt sich – und das scheint mir hier sinnvoller – der Name Beza auch anagrammatisch deuten, wonach dann der Magister einerseits Träger aufgeklärten Gelehrtenwissens ist, gewissermaßen die Inkorporation des A-Be-Z [lies: Ce], des 26-Buchstabenwissens. Andererseits weist aber die Suffixhomonymie von Menoza und Beza den Magister als kontrastive Bezugsfigur zum Prinzen aus. Zierau führt den Magister als einen „Gelehrten" (II/6) bei Tandi ein, der von seinem Wissensstandard her gesehen so beschlagen ist, „als ob

---

[12] Vgl. Daunicht (1967), S. 427. – Beza studierte in Orléans und Paris Jura, veröffentlichte 1548 Gedichte (*Juvenalia*, in der 2. Aufl. von 1569 wurden alle lasziven Stellen ausgemerzt). Beza war ein vielseitig engagierter Protestant, er verfaßte auch ein geistliches Drama (*Abraham sacrifiant*), 1563 übernahm er die Nachfolge Calvins in Genf (vgl. ³RGG I, Sp. 1117).

er für [!] Cumba geboren wäre" (II/6). Dazu kommt, daß er mit Tandi dessen Kritik am Sittenverfall der aufgeklärten Zivilisation teilt. Doch speist sich seine Kritik aus einer theologisch-apokalyptischen Haltung, die den Untergang der Welt beschwört. Dem hält der Fremde entgegen, daß die Welt schon immer so schlecht gewesen sei, er stellt also den Fortschrittsglauben und Perfektibilitätsgedanken der Aufklärung generell in Frage. Die Indizien, die der Magister für seine Untergangsthese anführt, nämlich „Saufen, Tanzen, Springen und alle Wollüste des Lebens" (ebd.), die zum dominierenden gesellschaftlichen Verhalten geworden seien, zeigen den unterschiedlichen analytischen Standpunkt Bezas und Tandis. Während Beza sich auf der Linie religiöser Leibfeindlichkeit bewegt – Zierau nennt ihn sogar einen „erklärte[n] Feind aller Freuden des Lebens" (ebd.) –, plädiert Tandi für eine Emanzipation der Sinnlichkeit, die Voraussetzung für das ausbalancierte Verhältnis von Vernunft und Sexualität ist. Damit nimmt der Prinz nun den Standpunkt des empfindsam Argumentierenden ein. Die Einschätzung, daß Genuß und Liebe als ausschließlicher Lebensinhalt erst den Sittenverfall und damit einen zivilisatorischen Verlust bedingen, teilt er zwar mit Beza, doch benennt er sie auch ausdrücklich als „das einzige Glück der Welt" (ebd.). Über dem Genießen müsse aber stets das Handeln stehen, oder umgekehrt: Die Grundlage für sozial tugendhaftes Handeln ist das stabilisierte Gleichgewicht von Vernunft und Sexualität. Diese Einstellung, die ja – historisch betrachtet – ihren Sitz nicht in einer exotischen Ideologie, sondern im aufgeklärt-empfindsamen Diskurs des europäischen 18. Jahrhunderts hat, diffamiert Beza als „Freigeisterphilosophie" (ebd.), der die Absicht zu staatspolitischer Subversion anhaftet. Beza rezitiert statt dessen barocke vanitas-vanitatis- und horror-vacui-Topoi der Vanitaslyrik eines Andreas Gryphius, „es ist alles eitel. O Eitelkeit, Eitelkeit", alles sei „Kot, Staub, Nichts!" (ebd.). Sein Wissen entlarvt sich als das, was es ist, als Zitat. Zierau, der sich vom Stichwortgeber und Konsensstifter zu Beginn der Szene über die Rolle des Advokaten Bezas zum Verteidiger Tandis wandelt und damit einmal mehr die ornamentale Beliebigkeit seines Wissens bestätigt, erkennt erstaunlich klar den „Fehler aller Deutschen" und damit auch Bezas Fehler, „er baut sich ein System, und was dahinein nicht paßt, gehört in die Hölle" (ebd.). Handeln, Vernunft und Glaube, das Gleichgewicht von Geist und Herz, der innere Zustand, Liebe – das ist das Vokabular, worauf der Prinz seine Kritik am aufgeklärten Wissen baut. „Liebe ist Feuer" (ebd.), mit diesem Wort plädiert er für eine ausgewogene Emanzipation der Leidenschaften, nicht die Zeiten, die als goldene Zeiten ohnehin nur „im Hirn der Dichter" (ebd.) stecken, müssen sich bessern, sondern die Menschen selbst. Genuß und Liebe, nicht nur lieben, auch die Liebe *genießen dürfen* – dies fordert der Prinz von einer aufgeklärten Gesellschaft ein. Magister Beza definiert demgegenüber Liebe als etwas, das „die Bordelle noch voller stopft" (ebd.), Liebe und Genitalität sind Synonyme für ihn. Das aufgeklärte Wissen hat kein Wissen mehr von Liebe und Leidenschaft. Zierau versucht sich in einer etwas differenzierteren Beurteilung: würden Jugendliche lieben lernen, würden die Bordelle „bald leer werden" (ebd.). Damit verharmlost er das Problem des Umgangs mit der Sexualität in der bürgerlichen Gesellschaft als reines Generationsproblem. Die Antwort des Prinzen ist sehr aufschlußreich: „Aber es würde vielleicht um desto schlimmer mit der Welt stehn" (ebd.). Seiner pragmatischen Gesinnung entsprechend hält der Prinz Bordelle für eine möglicherweise notwendige gesellschaftliche Einrichtung zur Triebabfuhr, jedenfalls so lange, bis „andere Anstalten vorgekehrt werden –" (ebd.). Die entfesselte (männliche) Sexualität („Feuer") führt zu einem Flächenbrand und bedroht damit die gesellschaftliche und sittliche Ordnung („Ährenfeld"). Deshalb ist es besser, sie partnerschaftlich zu legitimieren („Stroh"), unabhängig vom Rechtsstand der Partnerschaft, oder sie durch Prostitution abzuleiten. Daß dieses Modell, wenn überhaupt, nur eine Lösung für die männliche Sexualität in der bürgerlichen Gesellschaft verspricht, ist Tandi nicht bewußt. Wie sehr der Prinz mit seinem Plädoyer für eine Emanzipation der Sexualität mißverstanden bzw. überhaupt nicht verstanden wird, zeigt die Einschätzung Biederlings, der den Prinzen für einen völlig leidenschaftslosen Menschen hält (vgl. III/1). Erziehung und Gottesfurcht der Cumbaner machten es aus, daß sie ihr Vergnügen ausschließlich in der Arbeit fänden, die Frage des Grafen „haben die Cumbaner keine Leidenschaften?" (III/1) verneint Biederling. Das Leben in der Fremde sei leidenschafts-los und phantasie-los, der Prinz habe ihm „das alles expliziert" (ebd.). Biederling offenbart damit sein groteskes Unverständnis des fremden Diskurses.

Obwohl sich der Magister in diesem Gespräch mit Tandi als dessen Diskussionskontrahent profiliert und kein Verständnis für Tandis Welt- und Lebensauffassung äußert, zeigt er sich in einer späteren Szene als wahrer Buchstabengelehrter. *Plötzlich* tritt er auf, gleichsam als gelehrter deus ex machina: „Magister Beza kommt" (III/6, im Original kursiv). Er tritt zwischen das Familienensemble von Vater, Mutter und Tochter von Biederling und brilliert mit einem

Wissen, das selbst eine inzestuöse Ehe zwischen Geschwistern juristisch, theologisch und moralisch zu rechtfertigen in der Lage ist. Er soll den Hauptmann nach Leipzig begleiten, um dort zu helfen, „die Heirat gültig [zu] machen" (III/6). Die Schmeicheleien von Biederlings, die auf die Gelehrsamkeit des Magisters zielen, pariert dieser mit einem stammelnden „O! – ach! –" (ebd.). Der ‚Fall' – die verbotene Liebesbeziehung zwischen Wilhelmine und Tandi – bietet die Gelegenheit, die Bedeutung gelehrten Wissens hervorzuheben. Magister Beza bekommt dadurch die Möglichkeit, den Widerspruch von Begehren und gesellschaftlicher Norm im Wissen aufzuheben und damit die Überlegenheit des Wissens über das Begehren unter Beweis zu stellen. In III/11 kommt es dann zu einer grotesken Verkehrung: Der Prinz, als der fremde Barbar, wirft dem Gelehrten Beza Barbarei vor, der Prinz wird nun zum Verteidiger wahren aufgeklärten Denkens, das „die ewigen Verhältnisse geordnet" (III/11) wissen möchte und das im harmonischen und gottgefälligen „Spiel der Empfindungen" das „Glück der Welt" (ebd.) sieht. Der Magister hingegen findet sich unversehens in der Rolle desjenigen, der durch die Billigung des Geschwisterinzestes die Welt zum „Schweinstall" (ebd.) verkommen und die politische Ordnung zerstören läßt. Beza ist der eigentlich Gewissenlose, Tandi hingegen leidet unter seiner „Gewissensangst" (ebd.), dem Kennzeichen moralischer Aufrichtigkeit, die die Schuld nicht in Wahrheit umdeutet und die letztlich – wie Wilhelmine – „keines verräterischen Trostes" (ebd.) bedarf. Nicht gelehrtes Wissen kann deshalb die Grundlage zwischenmenschlicher Beziehungen sein, sondern allein wahre Empfindung – zumindest nach der aufgeklärten Lesart des Prinzen. Der irrtümlich für leidenschaftslos gehaltene Prinz reagiert am Ende der Szene sehr affektiv, er stößt den Magister zum Garten hinaus.

Der Trost, den das gelehrte Buchstabenwissen des Magisters dem Prinz nicht vermitteln konnte (vgl. III/11) liegt jedoch in der Kraft des ungebildeten Wissens, das Wissen aus eigener Anschauung ist und damit der Forderung Prinz Tandis genügt. Dies wird an der Figur der Babet veranschaulicht. Die Amme bekennt in IV/3 Wilhelmine, daß diese eine geborene Gräfin Velas ist und von ihr als Säugling mit Donna Diana vertauscht wurde. Die Angaben im Verzeichnis der dramatis personae sind also unwahr, Wilhelmine ist nicht die „Tochter" der Familie von Biederling, sondern „eine spanische Gräfin", und Donna Diana ist nicht die Gräfin, sondern die Tochter der von Biederlings. Die „Kraft" der drei Worte Babets, Wilhelmine sei nicht Tandis Schwester, reicht, um sie „aus der Hölle in den Him-

mel" (IV/3) zu heben. Das Wissen aus eigener Erfahrung vermag zu
trösten, nicht aber Bezas Gelehrtenwissen. In den Schlußszenen V/
1 und V/2 karikiert Lenz vollends die Wahrheitsrede des Wissensdiskurses.

Dem Wunsch des Vaters Zierau, sich durch den Besuch des Pup-
penspiels Vergnügen zu verschaffen, hält der gelehrte Sohn die
Doktrin aufgeklärter Ästhetik entgegen: „Vergnügen ohne Geschmack ist kein Vergnügen" (V/2). Damit nimmt der Sohn, in auf-
fälliger Verkehrung der Generationsverhältnisse – der Sohn wird zum
Fürsprecher traditionaler Positionen, der Vater Sachwalter rezeptiver
Unbekümmertheit, worin man durchaus ein Sturm-und-Drang-Mo-
tiv erkennen kann – den zentralen Begriff der Geschmacksdebatte
des 18. Jahrhunderts auf.[13] Die Künste sollen zwar vergnügen (delectare), das gestand bereits Horaz in seiner *Ars poetica* zu, doch muß
das Vergnügen dabei in einer *vernünftigen* Relation zur Ausbildung
des Geschmacks stehen. Vergnügen ohne Geschmack, dessen Kriterien der vernünftige Diskurs normativ erarbeitet hat, birgt die Gefahr unkontrollierten Genusses, Vergnügen ohne Geschmack ist eben
kein Vergnügen. Kunst *darf* aber nicht nur Vergnügen bereiten, sie
muß auch eine belehrende, eine didaktische Funktion erfüllen. Die
Frage des Vaters, weshalb das denn so ist, kann der Sohn wieder nur
mit einem stereotypen Zitat beantworten: „was die schöne Natur nicht
nachahmt, [. . .] kann unmöglich gefallen" (ebd.). Neben das Ge-
schmackspostulat tritt als Zitat das Nachahmungspostulat in seiner
spezifizierten Form, Kunst muß die *schöne* Natur nachahmen, und
wenn Kunst nicht die schöne Natur nachahmt, dann *darf* sie auch
nicht vergnügen. Hier wird evident, wie in die didaktische Funktion
der Kunst die moralische Funktion eingeschleust wird. Der junge
Zierau ist Vertreter einer normativen Ästhetik und Poetik, die in
Gottsched ihren bekanntesten Verfechter gefunden hatte und die für
Lenz stets Gegenstand vehementester Kritik gewesen ist. Wo Lenz'
diagnostischer Blick bereits die Ausbildung von Normstrukturen
erkennt – seien sie poetologischer, gesellschaftlicher, religiöser oder
pädagogischer Natur –, unterzieht er diese einer radikalen Kritik,
und daß dabei meist der historische oder individuelle Zusammenhang verlorengeht, liegt auf der Hand. Besonders deutlich zeigte sich
dies ja in den *Anmerkungen übers Theater,* wo er gegen Lessing

---

[13] Eine sehr gute Auswahl der unterschiedlichen Positionen, die auch die
historische Entwicklung der Debatte erkennen läßt, bietet die Textsamm-
lung von v. Bormann (1974).

und Aristoteles als die Doppelautorität seiner Zeit anschreibt, von der historischen Sachlage her gesehen aber in erster Linie die orthodoxen Aristoteliker meint (s. o. Kap. 2.1).

In einem dritten Schritt deckt Vater Zierau, der die Rolle des naiven bürgerlichen Kaufmanns spielt, unwissentlich den Warencharakter der Kunst in der bürgerlichen Gesellschaft auf, Illusion = Täuschung = Tausch. Um unterhalten zu werden und im Theater Vergnügen zu finden, bedarf es für ihn keiner „Regeln [. . .] für den sinnlichen Betrug" (V/2). Zu diesem Regelkanon gehört – gewissermaßen als dem Herzstück – die Lehre von den drei Einheiten, die stets mit Aristoteles in Verbindung gebracht wurde. Entscheidend ist, daß die ursprünglichen Aristotelischen Einheiten von Handlung und Zeit in der Interpretation des italienischen Renaissancepoetikers Ludovico Castelvetro in seinem Kommentar zur Aristotelischen *Poetik Poetica d'Aristotele vulgarizzata, et sposta* (1570)[14] auf die schnell kanonisierten drei dramatischen Einheiten von Ort, Zeit und Handlung festgelegt wurden, ohne deren Beachtung das tragische Vergnügen als nicht gesichert galt. In Deutschland hatte insbesondere Johann Christoph Gottsched, entsprechend der klassizistischen Doktrin der französischen Poetiker, in seinem *Versuch einer Critischen Dichtkunst* (1730, [4]1751) die Lehre von den drei Einheiten auf ein rationalistisches Fundament zu stellen versucht.[15]

Wenn Baccalaureus Zierau nun im *Neuen Menoza* zum Verteidiger normativer Aufklärungspoetik wird und der Vater dagegen durch seine Naivität die Gültigkeit und Zeitlosigkeit dieser Regeln grundsätzlich in Frage stellt, dann läßt sich die Szene V/2 – vor dem Hintergrund der skizzierten poetologischen Diskussion im 18. Jahrhundert und insbesondere auf Lenz' radikale Kritik in den *Anmerkungen übers Theater* hin – durchaus als ein Selbstverweis des Autors deuten. Was zwischen Vater und Sohn *vor* dem Besuch des Theaters verhandelt wird, erfährt der Leser als derjenige, der bereits ein ‚regelloses Stück' (den *Neuen Menoza*) gesehen oder gelesen hat. Das Nichtwissen des Vaters aber deckt die Unangemessenheit normativer Poetik auf. Um im Theater unterhalten zu werden, bedarf es keiner kanonisierten Regeln. Lenz entlarvt also durch die Rede des Vaters das Wissen des Sohns als unwahr, denn er selbst, der Autor, hat bereits gezeigt, daß auch unter Mißachtung der drei Einheiten

---

14 Vgl. Schröder (1985), S. 68 ff.
15 Einen komprimierten Überblick als erste Einführung zur Poetikgeschichte gibt Wiegmann (1977). Dort auch weiterführende Literatur.

dennoch ein Drama – und je nach Geschmack auch ein vergnügliches – zustande kommt. Die Unzeitgemäßheit aufgeklärter Poetik konnte Lenz kaum plastischer illustrieren. Das aufgeklärte Wissen über die *Natur* des Menschen (am Beispiel Bezas), der Gesellschaft etc. wie über die *Nachahmung* der Natur (am Beispiel Zieraus) als selbständiger Diskurs erweist sich am Ende als untauglich, die Lebens- und Schreibpraxis zu erklären oder zu leiten. Indem Lenz das Gegenbeispiel liefert, stellt er den Wahrheitsanspruch aufgeklärten Wissens generell in Frage. Die Probe aufs Exempel, die Vater Zierau macht, führt dazu, daß der Theatergenuß zerstört wird. Die destruktive Energie poetologischer Regeln richtet sich auf den subjektiven Genuß, der Diskurs über das sinnliche Erleben und die ästhetische Erfahrung zerstört diese selbst. Die Erkenntnis, die der Vater daraus zieht, ist das Verbot für den Sohn: „räsonniere nicht" (V/3). In historischer Vorwegnahme des Kantschen ‚sapere aude' als dem Postulat, sich seines eigenen Verstandes zu bedienen, erfährt der Imperativ hier seine Negation. Lenz treibt damit seine Aufklärungskritik im *Neuen Menoza* ins Groteske und führt dadurch zugleich die schon bei den Zeitgenossen gängige Verharmlosung des Sturm und Drang als Generationsproblem ad absurdum, der *junge* Zierau ist der in Aufklärungszitaten Denkende, und der Vater der Rebell. Der Wissensdiskurs im *Neuen Menoza* hat demnach die Funktion, Zivilisationskritik als Aufklärungskritik auszuweisen, in die am Ende selbst die Dichtungskritik einbezogen wird. Daß der Diskurs dieser Kritik alle Formen aufgeklärten Wissens betrifft, verdeutlichen nochmals die Szenen am Ende des Stücks.

3.2 Sexualitätsdiskurs und Liebesgeschichte. Interpretationen zu Szene I/6, III/3, III/6, III/11 und IV/3

Die diskursiv-thematische Verflechtung des *Neuen Menoza* mit dem *Hofmeister* und den *Soldaten* stiftet der Sexualitätsdiskurs. In allen drei Stücken tritt neben das Thema, das den Dramen ihren jeweiligen Namen gibt, stets ein weiterer Diskurs, den Lenz als eines der drängendsten gesellschaftlichen und individuellen Probleme seiner Zeit erkannt hat, der Sexualitätsdiskurs. Was Jakob Michael Reinhold Lenz und Wilhelm Heinse miteinander verbindet, nämlich der Sexualität einen eigenen dominanten Diskurs zuzugestehen, war für konservativ geistesgeschichtliche Literaturwissenschaftler wie Friedrich Gundolf Grund genug, darin „die brutale, fast hengstmäßige Begehrlichkeit"[16] des Autors zu sehen. Im *Neuen Menoza* erscheint der Sexualitätsdiskurs zunächst im dramatisch konventionellen Gewand einer Liebesgeschichte, die ihren Platz im Stück aber unmittelbar hinter der Präsentation des Wissensdiskurses erhält; der Beginn der Wissenskritik wird mit dem Beginn des Begehrens verschränkt. Die Mikroszene I/6, die, wie viele andere Szenen im Stück auch, von der Symbolik der stummen Handlung lebt, die wiederum der Erklärung durch die Regieanweisung bedarf, zeigt den Prinzen, wie er einen Namen in die Baumrinde schneidet. Bereits in Szene II/1 stellt Lenz die Namensträgerin vor, wie sie nun ihrerseits bei „Nacht und Mondschein im Garten" (II/1) etwas in den Baum schnitzt – einen Namen? Erst in II/7 erfährt man, daß Wilhelmine den Namen des Prinzen neben ihren Namen in den Baum geschnitten hat:

WILHELMINE: Hat's Ihnen der Baum nicht schon gesagt?
PRINZ: Das einzige, was mir Mut machte, um Sie zu werben. O als der Mond mir die Züge Ihrer Hand versilberte, als ich las, was mein Herz in seinen kühnsten Ausschweifungen nicht so kühn gewesen war zu hoffen . . . (II/7).

Der zweite Akt wird also durch dieses Motiv, das in der ersten Szene und der letzten Szene auftaucht, regelrecht zusammengehalten. Wilhelmine ist aber *doppeltes* Objekt männlichen Begehrens. Denn Graf Camäleon – auch dies ein sprechender Name, da sich sein Begehren

---

[16] Gundolf (1959), S. 236. – Vgl. dazu oben, Kap. *Einleitung*.

sehr schnell von der Tochter auf die Mutter überträgt (vgl. II/5) – versucht mit der List des galanten Libertins, Wilhelmine zu verführen. Der Graf ist innerhalb des Sexualitätsdiskurses die Kontrastfigur zu Tandi, er begnügt sich nicht damit, stellvertretend für das abwesende Begehrensobjekt den Baum zu küssen (vgl. I/6) und den Namen, die Begehrensgravur, in den Baum zu schneiden. Vielmehr sucht der Graf Wilhelmine direkt auf, in der Geste des patriarchalen Herrschaftsverhältnisses erzwingt er die Anwesenheit des Begehrensobjekts regelrecht. Er *„umfaßt"* nicht den Baum, sondern die Frau, *„ihre Knie und drückt sein Gesicht an dieselben"* (II/1). Diese Unterwerfungsgeste karikiert in Wahrheit das wahre Machtverhältnis der Situation, da der Graf Wilhelmine nicht die freie Entscheidung läßt, sondern ihr die Entscheidung abnötigen will, die er selbst zur erotischen Stimulation dieser Verführungsszene braucht. Die Selbststilisierung des Grafen als Ausdruck seiner Allmachtsphantasie („ich bin ein Gott") ist zweierlei Antwort: einmal reproduziert und festigt sie das reale Herrschaftsverhältnis zwischen Mann und Frau, denn als Gott kann er die Frau im wörtlichen Sinn besitzen; zum andern enthält dieses Wort die nachträgliche Antwort auf die Apotheose der begehrten Frau („meine Göttin"). Erst wenn der Graf sich selbst auch als ein Gott begreift, hat er – nach patriarchalem Denkmuster – die Macht über die Göttin wiederhergestellt. Davon macht er dann bei seinem Vergewaltigungsversuch in IV/6 Gebrauch, in der Meinung, Wilhelmine als Opfer hinter der Larve, als maskiertes Begehrensobjekt zu besitzen. Ohne Ansehen der Person und deren gesellschaftlichem Stand – darin wäre ein bedeutender Unterschied zu europäischen ständisch geprägten Verhaltensstandards zu sehen – verfolgt Tandi den Nebenbuhler. Nicht Eifersucht ist das Motiv seiner Verfolgung, sondern die Entmythisierung, die unstatthafte Entzauberung der begehrten Frau. „Unheilig" habe sich der Graf der „Glorie der Schönheit" (II/2) genähert. Die Fäkalbeschimpfung wird von Tandi ebenso energisch und pathetisch vorgebracht wie von Donna Diana, Prinz: „Kot!" (ebd.), Donna: „Kot von Weib!" (III/4). Dies weist bereits auf die zweite Kontrastfigur des Stücks voraus, deren sadomasochistische Anlage in der unmittelbar darauffolgenden Szene II/3 charakterisiert wird. Donna Diana ist die ganz andere Frau, die außerhalb bürgerlicher Erziehungs- und Ordnungszwänge lebt und deren plakative feministische Militanz eher dem Wunschbild einer Männerphantasie entspricht, als daß sie die realen historischen und gesellschaftlichen Möglichkeiten der Frau in der Mitte des 18. Jahrhunderts beschreibt. Donna Diana, die in I/2 schildert, wie sie nur knapp einem Mordanschlag entgangen ist, wird im Umgang mit ihrer Amme Babet deutlich als Kontrastfigur zu Wilhelmine konturiert. Die Demütigung, die sie von Männern erfährt, läßt sie ihre Aggressivität unmittelbar auf das Herrin-Magd-Verhältnis mit Babet übertragen, auch hier erweist sich Lenz' ,Protokoll' der Machtverhältnisse im Sexualitätsdiskurs wieder als sehr genau. Babet wird als „Hexe" (wie auch in III/4) dreimal beschimpft, „Närrin", „Balg", „Blasebalg" und „verdammter Kobold" (II/3) genannt und karikiert damit selbst jenes große Herz und edle Blut, das Babet eingangs der Szene beschwor. Auch Donnas Imperative und Handlungsschilderungen sind eindeutig sadistischer Natur: „halt's Maul", „ich bohr dir das Herz durch!", „wenn ein solcher Balg umkommt", „ich zieh dir dein Fell ab", „so durchstoß ich, zerreiß ich dich", „so stirb!" (ebd.). Doch eigentlich gilt die sadistische Aggressivität den Männern, „den Hunden" (ebd.), den „Giftmischer[n]" und „Meuchelmörder[n]" (III/4), und Donnas Erkenntnis, daß eine Frau nicht besser als ein Hund ist, solange sie eine Frau ist, d. h. sich ihrer Geschlechtsidentität bewußt ist, wird augenblicklich als Appell umformuliert: „Laß uns Hosen anziehn und die Männer bei ihren Haaren im Blute herumschleppen. [. . .] Ein Weib muß nicht sanftmütig sein, oder sie ist eine Hure" (II/3). Daß dies keineswegs nur von Donna Diana *inszenierte* Aggressivität ist, zeigt sich am Ende des Stücks, als sie versucht, Graf Camäleon mit einem Messer zu erstechen (vom Stück her gesehen bleibt es offen, ob ihr die Tötungsabsicht gelingt).[17] Und auch Babet erkennt sehr genau die reale Gewalt der Frau, sie leidet unter der Mißhandlung durch Donna („O wie mißhandeln Sie mich", II/3). Am Ende der Szene zeigt sich dann, daß Donnas Sadismus doppelgesichtig ist. Die reale Gewalt richtet sich nicht nur gegen Babet und den Grafen, sondern auch gegen sich selbst, sie stellt die gemeinsame Tötung von ihm und der Amme in Aussicht, bis sie schließlich „*auf die Knie*" fällt, sich „mit Ruten hauen" lassen und „Dornen dazu abschneiden" will; „geißele mich, [. . .], ich will Buße tun" (ebd.) sind die letzten Worte, die sie ihrer in Babet erkannten Mutter gegenüber findet. Das Begehren der nichtbegehrten Frau Donna Diana

---

[17] Genau besehen bleibt es auch offen, ob tatsächlich sie die Tatwaffe geführt hat, denn auch Gustav hat die Absicht, sein „Taschenmesser durch den Leib [sc. des Grafen] [zu] stoßen" (IV/5). Gustav ist der einzige Mann, der Donna Diana begehrt, sein Begehren aber wegen des Standesunterschieds nicht verbalisieren, geschweige denn realisieren darf, allenfalls monologisch kann er sich sein Begehren eingestehen (vgl. IV/4 und IV/5).

ist direkter, unverhüllter, aggressiver, während das Begehren der begehrten Frau Wilhelmine von Biederling subtile Formen der Sublimation findet. Während Donna die ambivalenten Triebanteile ihrer Sexualität Babet gegenüber verbalisiert – es gewissermaßen zu einem Diskurs (Donnas Sexualitätsdiskurs) im Diskurs (Lenz' Sexualitätsdiskurs) kommt – und dem Grafen gegenüber auslebt und ihr Begehren auch unmißverständlich benennt („ich will ihn – [. . .] Die Stelle brennt unter mir – ich wünscht, ich hätte nie Mannspersonen gesehen", III/2), schnitzt Wilhelmine den Namen des begehrten Mannes nur in den Baum. Die Formulierung Tandis, man (was dechiffriert ,Mann' heißt) müsse „sein ganzes Ich" (III/3) auf sie werfen, enthält die Rezeptur, die dem verliebten Fremden den Erfolg sichert. Signifikant dabei ist, daß Lenz diese Szene als „die Szene nach der Hochzeitsnacht" im Brief an Herder vom 28. August 1775 (s. o.) bezeichnet hatte. Der Leser erhält darüber allenfalls durch Wilhelmines Antwort Aufschluß: „Wir sind Mann und Frau miteinander" (III/3), nachdem Wilhelmine in II/7 noch unmißverständlich erklärt hatte, sie wolle ledig bleiben. In II/6 spricht Herr von Biederling dann eindeutig von der vollzogenen „Heirat", die die Leipziger Gelehrten nachträglich, da es sich ja um eine vermeintliche Geschwisterehe handelt, legitimieren sollen. Unmittelbar nach der Hochzeitsnacht erfahren Tandi und Wilhelmine, daß sie „Bruder und Schwester" (III/3) sind. In dieser Mitteilung liegt zweifellos die Peripetie des Stücks, nach herkömmlicher Lesart würde sich von nun an das tragische Geschehen dramatisch (im doppelten Sinn) beschleunigen, der Umschlag von Glück in Unglück ist erreicht. Die Tatsache, daß Lenz diesen Umschlagspunkt in den Sexualitätsdiskurs integriert hat – vor dem Hintergrund der Frage: Ist inzestuöse Sexualität sittenwidrig? –, hebt nochmals die Bedeutung dieses Diskurses hervor. Denn selbst das aufgeklärte Wissen der Leipziger Gelehrten, allen voran Magister Beza, kann das Entsetzen der Verheirateten nicht mildern, moralische Schuld kann durch Wissen nicht getilgt werden. Allein das Wissen aus Erfahrung in Gestalt der Amme Babet kann Wilhelmine und Tandi die Last an der Lust nehmen. Letztlich triumphiert auch bei der Ausbildung der sexuellen Identität nicht das Wissen als Gesamt gesellschaftlicher und religiöser Normen. Wahrheit hat Erfahrung zur Voraussetzung, erst als die Wahrheit ausgesprochen wird und die Amme berichtet, daß nicht Wilhelmine, sondern Donna Diana Tandis Schwester sei und sie, die Amme, die beiden Mädchen selbst vertauscht habe (vgl. IV/3), erst dann kann sich Wilhelmine ihr zwischenzeitlich gewaltsam unterdrücktes Begehren eingestehen. „Was liegt doch in Worten für Kraft, [. . .] mit drei Worten hast du mich aus der Hölle in den Himmel erhoben" (IV/3). Alle Worte aufgeklärten Wissens des Konsistoriums einer theologischen Fakultät können Prinz Tandi demgegenüber nicht bewegen, die rechtlich-religiöse Legitimierung der Heirat anzuerkennen. Der Hinweis des Hauptmanns von Biederling, „du bist hier nicht in Cumba, mein Sohn, wir sind hier in Sachsen" (V/1) deckt nochmals die Zitathaftigkeit europäisch aufgeklärter Zivilisation deutlich auf. Der fremde Wilde erweist sich endgültig als der wahrhaft Aufgeklärte, der natürliches und d. h. wahrhaftes Empfinden nicht dem Diktat familialer oder gesellschaftlicher Nützlichkeit unterstellt und sich dadurch jenes Freiheitsresiduum bewahrt, das Voraussetzung für ein an einer Herz-und-Verstand-Balance ausgerichtetes wahrhaft aufgeklärtes Leben ist. Lenz führt in diesem Punkt die Aufklärungskritik der empfindsamen Tendenz und des Sturm und Drang zusammen. Ist Wilhelmine für Tandi noch die personifizierte Sünde, so wird sie nach der Wiedererkennung – Lenz bietet hier eine interessante Variante zu herkömmlichen Anagnorisisszenen – sein „wiedergefundenes Leben" (V/1). Wilhelmines Antwort „meine wiedergefundene Seele" (ebd.) weist nochmals auf den empfindsamen Anteil der Liebesbeziehung hin. Inwiefern die Bemerkung von Wilhelmines Vater ernst zu nehmen ist, daß der Prinz sich „vor einer halben Stunde" noch habe „kastrieren" (ebd.) wollen, und inwiefern Lenz damit unmittelbar an das Kastrationsmotiv des *Hofmeisters* anzuknüpfen beabsichtigte, ist nicht eindeutig zu entscheiden. Die Situation, worauf der Vater sich bezieht, verweigert vom Text her gesehen eine eindeutige Auskunft, lediglich vor der Wiedererkennung bemerkt Tandi etwas kryptisch: „Laß los, teures Weib, heiliger Schatten! der Himmel fordert es, deine Ruhe fordert es – Triumph – *Will aus der Tür*" (V/1). Der Vater jedenfalls sieht darin eine Kastrationsabsicht. Entscheidend ist, daß Lenz wie schon im *Hofmeister* die Selbstkastration als Lösungsversuch unbewältigten Begehrens *thematisiert*, daß der Sexualitätsdiskurs im Stück von der Autoaggression (Tandi) bis zur Aggression (Diana), vom Vergewaltigungsversuch (Graf Camäleon) bis zur empfindsamen Sublimation (Tandi / Wilhelmine) alle Formen des Begehrens zuläßt. Damit entspricht Lenz durchaus seiner eigenen dramentheoretischen Konzeption, wonach die Komödie als Gesellschaftsgemälde die Dinge so schildert, wie sie sind, und die Natur nicht als *schöne* Natur drapiert. In dieser Hinsicht enthalten die beiden Schlußszenen des Stücks die poetologische Rechtfertigung dieses Verfahrens.

4 Die Soldaten

Die Entstehungszeit der *Soldaten* läßt sich auf den Winter 1774/ 1775 datieren, der Druck des Dramas erfolgte im Frühjahr 1776. Wie die meisten Dramen von Lenz haben auch die *Soldaten* einen konkreten biographischen Hintergrund des Autors, der die inhaltlichen Vorgaben für das Drama liefert. Lenz hielt sich 1774 in Straßburg als Reisebegleiter des kurländischen adeligen Brüderpaares von Kleist auf. Friedrich Georg Baron von Kleist hatte mit der Straßburger Bürgerstochter Cleophe Fibich ein Verhältnis begonnen. Deren Vater, von Beruf Juwelier und zugleich Ratsherr in Straßburg, bestand nun auf einem notariell beglaubigten Heiratsversprechen von Kleists als ideologischem Kompensat der verlorenen Jungfräulichkeit und damit der realen Gefahr sozialen Abstiegs seiner Tochter. Diese sogenannte Promesse de Mariage – im 18. Jahrhundert in solchen und ähnlichen Fällen nicht unüblich – wurde am 27. Oktober 1773 aufgesetzt und enthielt, trotz der „Ungleichheit des Standes", folgende zentrale Übereinkunft: „Als[o] sind beide Parteien mit einander übereinkommen, daß derjenige, so von seiner Parole abstehen wollte, er möchte Namen oder Ursachen vorbringen welche er auch wollte, gehalten und verbunden sei, dem andern Teil eine Entschädigung von vierzehntausend Livres zu bezahlen" (zit. n. WuB I, S. 735–736). Im Mai 1777 wurde dieser Kontrakt dann gelöst, Baron von Kleist hatte sich unter dem Vorwand, die Heiratserlaubnis seiner Eltern einholen zu wollen, in seine kurländische Heimat abgesetzt. Cleophe Fibich, deren bürgerliche Integrität verloren war, blieb ledig, die vereinbarte Entschädigungssumme wurde nie ausbezahlt.

Lenz hatte sein Stück 1775 an Johann Gottfried Herder geschickt, der es zum Druck weitervermittelte. Lenz versuchte vergeblich, die Drucklegung noch zu verzögern, der Stoff des Dramas nahm zu direkt Bezug auf das noch schwebende Verfahren zwischen Fibich und von Kleist:

Ich will Dir alles sagen, Herder! Das Mädchen das die Hauptfigur meiner ‚Soldaten' ausmacht, lebt gegenwärtig in der süßen Erwartung ihren Bräutigam, das ein Offizier ist, getreu wiederkehren zu sehen. Ob der's tut oder die betrügt, steht bei Gott. Betrügt er sie, so könnten die ‚Soldaten' nicht bald genug bekannt gemacht werden um den Menschen zu zerscheitern oder zu seiner Pflicht vielleicht noch zurückzupeitschen. Betrügt er sie nicht, so könnte vielleicht das Stück ihr ganzes Glück und ihre Ehre verderben, obschon nichts als einige Farben des Details von ihr entlehnt sind und ich das Ganze zusammengelogen habe (WuB III, S. 416, Brief an Herder Ende März 1776).

Schließlich bat Lenz den Freund und Schriftstellerkollegen Friedrich Maximilian Klinger, die Autorschaft für das Stück zu übernehmen. Als das Drama endlich erschien, wurde es von der zeitgenössischen Kritik kaum beachtet, lediglich ein Rezensent im *Almanach der deutschen Musen auf das Jahr 1777* besprach das Stück (s. Textanhang).

So offensichtlich der konkrete biographische Anlaß für die Niederschrift ist, so wichtig ist es aber auch, zu berücksichtigen, daß Lenz, von der persönlichen Betroffenheit ausgehend, auf die Darstellung allgemeiner gesellschaftlicher Mißverhältnisse zielt. Entsprechend seiner Komödientheorie ist somit nicht das Schicksal einer Einzelperson tragikomisch, sondern die soziale und psychische Situation, welche die Einzelhandlungen der Akteure motiviert und die dramatische Handlungssituation konstituiert. Es geht im Stück also nicht um das Schicksal des bürgerlichen Mädchens Cleophe Fibich bzw. Mariane Wesener, vielmehr um die Skrupellosigkeit und Konfliktbereitschaft einer sozialen Schicht, der adligen Soldaten. Erst das Gesamt der sozialen und psychischen Konflikte bedingt das ‚Schicksal' von Mariane. Lenz' Absicht ist es in der Tat, wie er in einem Brief an Sophie von La Roche im Juli 1775 schreibt, „die Stände darzustellen, wie sie sind; nicht, wie sie Personen aus einer höheren Sphäre sich vorstellen" (WuB III, S. 325–326). Und er gibt zu bedenken, „daß mein Publikum das ganze Volk ist; daß ich den Pöbel so wenig ausschließen kann, als Personen von Geschmack und Erziehung [. . .]. Auch sind dergleichen Sachen wirklich in der Natur" (ebd., S. 326). Damit geht Lenz einen entscheidenden Schritt über die aufgeklärten Theoretiker des Bürgerlichen Trauerspiels hinaus, er definiert das Drama nicht mehr ständedistinkt, sondern bezieht den Pöbel, den beispielsweise noch Lessing, Nicolai und Mendelssohn in ihrem Briefwechsel über das Trauerspiel für nicht kathartisierbar und damit für rezeptionsuntauglich gehalten hatten, ausdrück-

lich mit ein als rezeptionsfähige Zuschauerschicht. Inwieweit Lenz'
Programm an der sozialhistorischen Realität vorbeigeht (Auffüh-
rungspraxis, Alphabetisierung unterer Schichten, Lesedramen etc.),
ist eine andere Frage. Wie im *Hofmeister* verbindet Lenz auch in
den *Soldaten* in seiner Herrschafts- und Gesellschaftskritik den
Diskurs über die soziale Ungleichheit mit dem Sexualitätsdiskurs.
Herrschaftskritik bedeutet demnach in den Stücken von Lenz auch
Kritik der sexuellen Machtverhältnisse. Dies soll in den folgenden
Interpretationen zu Einzelszenen verdeutlicht werden.

4.1 Der doppelte Weg Marianes in die Komödie. Interpretationen zu Szene I/3, I/4 und II/2

In der Forschung wurde wiederholt festgestellt, daß Lenz' Stück *Die Soldaten* keine eigentliche Expositionsszene habe, worin klar umrissene Charaktere die Ausgangsbedingungen für die dramatische Situation beschreiben.[1] Aus den beiden ersten Szenen geht lediglich die angedeutete Liebesbeziehung zwischen Mariane und Stolzius hervor, vor deren Hintergrund dann um so kontrastiver in I/3 Baron Desportes als zweites Subjekt männlichen Begehrens eingeführt wird. Gleichzeitig wird damit auch der ständische Unterschied der beiden Männer markiert. Während der Tuchhändler Stolzius die persönliche Bekanntschaft (vgl. I/2) mit Mariane brieflich fortzusetzen gezwungen ist, vermag der Adlige – aufgrund seiner ständischen, privilegierten Herkunft – sich über den anfänglichen Widerstand von Marianes Vater hinwegzusetzen und geradlinig seine Begehrensstrategie zu verfolgen. Desportes lädt Mariane in die Komödie ein – ein Motiv, das bereits aus dem *Hofmeister* und dem *Neuen Menoza* bekannt ist: Die Komödie bzw. das Theater ist jener Ort, wo sich die Tochter der väterlichen Überwachung entzieht und sich zugleich das bedenkliche Begehren operativen Raum verschafft. Die Doppeldeutigkeit des Komödienbegriffs setzt Lenz in den *Soldaten* durchaus gezielt ein. Desportes bittet den Vater, „Ihre Mademoiselle Tochter einmal in die Komödie zu führen" (I/3), dem der Vater entgegenhält: „Meine Tochter ist nicht gewohnt in die Komödie zu gehen" (ebd.). Der väterlichen Vernunft steht das männliche Begehren des Barons gegenüber. Lenz drückt auf sprachlicher Ebene subtil, fast schon sexualmetaphorisch das Drängen des Begehrens im Buchstaben aus. In die Komödie zu gehen bedeutet für die jungfräuliche Tochter neben dem neuen ästhetischen Erlebnis eine Art Aufnahmeritual in die bürgerlich-patriarchalische Gesellschaft, es bedeutet die gesellschaftlich-kulturelle Ritualisierung einer Begehrensinitiation. Wenn die Tochter den geschützten Raum des elterlichen Hauses verläßt, macht sie sich zum möglichen Objekt männlichen Begehrens – in diesem Wissen liegt Weseners Abwehr begründet. Es schicke sich nicht, mit einem jungen *Mann*, zudem *Soldat*, in die *Komödie* zu gehen. Die Tochter ist es „nicht gewohnt", das Neue für die Toch-

---

[1]   Vgl. McInnes (1977), S. 88.

ter ist das Bedrohliche für die patriarchale Vernunft. Der Entschluß Desportes', „wir wollen Ihrem Vater einen Streich spielen" (I/3), eröffnet eine komische List, deren Protagonistin zur tragischen Heldin avanciert. Mariane betritt einen doppelten, tragischen Weg in die Komödie, sie geht mit dem jungen Baron in die Komödie („ich bin in der Komödie gewesen", I/5), trotz des väterlichen Verbots. Der Vater erteilt im nachhinein sein Placet, als sich die Chance zum sozialen Aufstieg der Tochter („kannst noch einmal gnädige Frau werden närrisches Kind", I/6) und damit auch für ihn eröffnet. Mariane wird aber auch durch ihren Komödienbesuch als Handlungsträgerin des Stücks regelrecht *in* die Komödie entlassen. Wie unverhohlen deutlich Lenz das Motiv des Theaterbesuchs mit dem Sexualitätsdiskurs verknüpft, zeigt die Besorgnis des Vaters: „[. . .] lehr du mich die jungen Milizen nit kennen. [. . .] eh man sich's versieht, wips ist ein armes Maidel in der Leute Mäuler. Ja und mit der und der Jungfer ist's auch nicht zum besten bestellt und die und die kenn ich auch und die hätt ihn auch gern drin –" (I/3). Für den Vater ist der reale Komödienbesuch der symbolische Verlust der Jungfräulichkeit der Tochter, das immaterielle Kapital einer weiblichen bürgerlichen Existenz im 18. Jahrhundert. Grob ausfällig reagiert er auf Marianes Bekenntnis, mit Desportes im Theater gewesen zu sein: „du Luder", „Mätresse", „du gottlose Seele", „schlechte Seele" (I/5), von der Schwester Charlotte wird Mariane gar als „gottsvergeßne Allerweltshure" (ebd.) diffamiert. Vor diese Szene, die die Ängste des Vaters sprachlich veranschaulicht, und im unmittelbaren Anschluß an I/3 hat Lenz allerdings eine Szene situiert, die für die Entfaltung des doppelten Wegs Marianes in die Komödie zum Verständnis unverzichtbar ist. Darin zeigt sich dramaturgisch gesehen einmal mehr ein klares Kompositionsschema von Lenz: Nicht die stringente Entfaltung einer Handlung leistet die Abfolge der einzelnen Szenen, sondern der Bezug zu einem übergeordneten Diskursschema ordnet die Einzelszenen. In I/4 diskutieren mehrere Offiziere, ein Pfarrer und ein Hofmeister (!) über Nutzen und Nachteile des Theaters, insbesondere der Komödie. Der namenlose Hofmeister propagiert – als Stichwortgeber – die Einrichtung eines Theaters als „fast unentbehrliche Sache" (I/4) für Soldaten. Dem widerspricht der Feldprediger Eisenhardt, für Soldaten habe das Theater keinen Nutzen. Der Offizier Haudy weist auf die präventive Funktion der Triebabfuhr durch das Theater hin, „was für Unordnungen werden nicht vorgebeugt oder abgehalten durch die Komödie" (ebd.). Damit sind die beiden konträren Positionen abgesteckt, und Lenz führt nun im nachfolgen-

den Schlagabtausch im Charakter eines aufgeklärten Dialogs den
Sexualitätsdiskurs mit dem Soldatendiskurs zusammen. In der Debatte über die Komödie und deren gesellschaftlichen Nutzen entfaltet sich die vorausweisende konstitutive Bedeutung beider Diskurse
für das Stück. Haudy hebt hervor, daß eine Komödie erheblich größeren gesellschaftlichen Nutzen habe als „alle Predigten zusammen-
genommen" (I/4). Er begegnet damit dem Einwand des Pfarrers, daß
Komödien bei den Offizieren (nicht bei den Soldaten insgesamt) stets
nur sittliche Unordnung auslösten. Der Prediger erweist sich auch in
diesem Stück als Repräsentant einer aufgeklärten Weltauffassung,
deren oberstes Anliegen die Unversehrtheit der göttlichen und staatlichen Ordnung ist. Seine Frage danach, was die Offiziere in der
Komödie eigentlich lernen würden und worin denn ihr Nutzen begründet wäre, reproduziert die von Horaz herstammenden, für die
moralisch-didaktische Poetik der Aufklärung zentral gewordenen
literaturästhetischen Kriterien: Literatur müsse nutzen (prodesse) oder
erfreuen (delectare) oder beides zusammen.[2] Literatur bekommt in
der Aufklärung eine eindeutige moralisch-didaktische Funktion zu-
gewiesen. Die Antwort des Offiziers gibt die Rezeptionshaltung
derer wieder, die sich nicht dem Diktat der Moraldidaxe beugen
wollen: „wir amüsieren uns ist das nicht genug" (ebd.). Eisenhardts
Argument, daß es nicht beim Amüsement bliebe, die Offiziere vielmehr die Ebene der literarischen komischen Handlung in ihre eigene lebensweltliche Ebene verkehrten und die theatralische Handlung
dann selbst nachahmten, in der Komödie mithin eine Handlungs-
anleitung zur Destruktion der bürgerlichen Ordnung selbst liege, diesem Argument des Aufklärers haben die Offiziere Graf von Spannheim und Haudy nur den Zynismus patriarchaler Arroganz entge-
genzusetzen. Danach ist eine Frau für eine ungewollte Schwanger-
schaft selbst verantwortlich. Mehr noch, die Bemerkung, daß eine
Frau zur Prostituierten werde, weil sie ohnehin ab ovo eine Prostitu-
ierte sei, ist Ausdruck einer sozialdeterministischen, fast schon
biologistischen Vorstellung des männlichen Adligen, welche soziale und psychische Ursachen der Prostitution schlicht leugnet. Mit
den Worten des Offiziers: „Eine Hure wird immer eine Hure, gerate
sie unter welche Hände sie will" (ebd.). Auch Desportes wird sich

---

[2]   Vgl. Horaz, Ars poetica V. 333 f.: „aut prodesse volunt aut delectare
      poetae / aut simul et iucunda et idonea dicere vitae" [„Entweder nützen
      oder erfreuen wollen die Dichter oder zugleich, was erfreut und was nütz-
      lich fürs Leben ist, sagen".]

so äußern: „Es ist eine Hure vom Anfang an gewesen" (V/3). Demgegenüber beharrt der Feldprediger darauf, daß es gesellschaftliche Zwänge sind, die eine Frau zur Prostitution treiben. Deshalb müßten die „honetten Mädchen" (I/4), die Bürgerstöchter, vor dem Besuch der Komödie regelrecht Angst haben, sie bekämen dort „die gröbsten Verbrechen gegen die heiligsten Rechte der Väter und Familie unter so reizenden Farben vorgestellt" (ebd.). Eisenhardt ist der Wortführer der väterlichen Interessen Weseners, er kann aufgrund seiner Stellung als Feldprediger den Offizieren gegenüber eine engagiert aufgeklärte Haltung vertreten, die Wesener selbst wegen seiner ökonomischen Abhängigkeit von den Aufträgen der Offiziere einzunehmen verwehrt ist. Der Prediger vertritt den abwesenden Vater im Disput um den gesellschaftlichen Nutzen der Komödie: „Einen wachsamen Vater zu betriegen oder ein unschuldig Mädchen in Lastern zu unterrichten, das sind die Preisaufgaben, die dort aufgelöst werden" (ebd.).

In I/6 hebt der Vater das Verbot auf. Mariane darf nun mit Desportes in die Komödie gehen. Literatur als Zitat stellt dem Vater den sozialen Aufstieg in Aussicht, die Aufhebung des väterlichen Verbots ist ausschließlich damit begründet; „Du höchster Gegenstand von meinen reinen Trieben" (I/6) ist jene Verszeile aus einem Gedicht Desportes', die dem Vater die drohende Gefahr der Sexualisierung des Tochterkörpers gegenüber dem möglichen sozial-ökonomischen Gewinn geringer erscheinen läßt. Die Aussicht, daß die Tochter „noch einmal gnädige Frau werden [könne]" (ebd.), täuscht ihn über den Zitatcharakter der Verszeile, die nichts anderes darstellt – und von Lenz auch entsprechend in der Rede Desportes' exponiert wird – als die Wiedergabe einer unendlich trivialen literarischen Formel. Im Gestus patriarchaler Bevormundung erklärt der Vater Mariane, „laß mich nur machen, ich weiß schon was zu deinem Glück dient, [. . .] du kannst nur immer allesfort mit ihm in die Komödien gehn [. . .]" (ebd.). Sein eigenes Glück hat er damit untrennbar – auch ökonomisch – an Marianes Schicksal gebunden, womit Lenz die Bedeutung der Peripetie des Stücks in IV/5, der wohl kürzesten Szene der Dramenliteratur des 18. Jahrhunderts überhaupt, potenziert: „Mariane fortgelaufen –! Ich bin des Todes" (IV/5). Indem Weseners literarische Urteilskraft versagt – die er durchaus besitzt, wie die Bereitschaft am Ende von I/6 zeigt, den sehr diffizilen Brief an den betrogenen Liebhaber Stolzius für die Tochter zu schreiben –, erweist sich Marianes Existenz im weiteren Fortgang als durch eine Fiktion betrogene. Die Komödie ist Realität geworden, die wirkliche Komödie der Literatur wird die literarische Komödie der Wirklichkeit, die Fiktion hat die Wirklichkeit eingeholt. In Szene II/2 wird dann die Komödie, deren tragisches Opfer Mariane ist, von den Offizieren generalstabsmäßig vorbereitet. Wiederum ist es die Figur Eisenhardt, die Lenz mit der wichtigsten Diskursposition besetzt. Dem aufgeklärten, durchaus kritischen Prediger steht der Aufklärer Hauptmann Pirzel gegenüber, der unermüdlich im Gestus plakativer Nachdenklichkeit einen Allgemeinplatz der bürgerlichen Aufklärung zitiert, zwar weniger ornamental als von Seiffenblases Hofmeister im gleichnamigen Lenz-Stück, aber doch so übersteigert, daß darin Lenzens Aufklärungskritik deutlich zum Ausdruck kommt. Pirzels Hauptaussage erschöpft sich in der Feststellung, „daß die Leute nicht denken" (II/2). In seinen Betrachtungen über den Menschen geriert er sich als Freidenker, die Parole „denken, denken, was der Mensch ist" (ebd.) kontrastiert die operativen Vorbereitungen zu Marianes Untergang durch die anderen Offiziere. Obwohl Haudy und Rammler unterschiedlicher Auffassung darüber sind, wie Stolzius am ehesten eifersüchtig gemacht werden kann, verfolgen sie doch das gemeinsame Ziel, eine Komödie nach herkömmlichem Muster zu inszenieren, wonach der Betrogene verlacht und der Lasterhafte verspottet, die Tugendhaften aber gelobt werden. Allerdings ist ihre Bühne nicht das Theater, sondern ihre Lebenswelt. Rammler entfaltet eine intrigante Energie, die vor der Diffamierung Mariane Weseners nicht zurückschreckt. Sie soll, so läßt er Stolzius wissen, die Absicht haben, zusammen mit Desportes aus Lille zu flüchten. Damit entwickelt das Motiv des vermeintlichen Liebesverrats eine tragische Dimension, obwohl es von den Offizieren als Ausgangspunkt einer Komödie gedacht war. Der Standesunterschied des Bürgerlichen Stolzius und der Offiziere läßt eine verbale Auseinandersetzung nicht zu, geschweige denn – wegen der Ehrverletzung – die Satisfaktionsmöglichkeit im Duell. Stolzius und Rammler entwickeln aus der tragisch zugespitzten Situation heraus kriminelle Energien. Rammler muß sein männlich-soldatisches Ansehen bei den anderen Offizieren, insbesondere in Auseinandersetzung mit Haudy, unter Beweis stellen, „ihr sollt nur sehen, was ich aus dem Stolzius noch machen will" (II/2). Stolzius hingegen entwickelt wegen des angeblichen Liebesverrats durch Mariane seinen mörderischen Plan. Allerdings richtet sich seine Aggression von Anfang an gegen die Personen, die Mariane überhaupt erst in ihr tragisches Unglück gebracht haben. Stolzius ist die einzige Figur des Stücks, welche die ständebedingte Ungleichheit durchschaut und die individuelle Unschuld

Marianes erkennt. Aber auch er richtet letztlich die Aggression gegen sich selbst, ungleich konsequenter als Herrmann Läuffer aus dem *Hofmeister*. Parallel zu Haudys und Rammlers Intrige entwickelt Stolzius eine gegenlaufende List, deren tragisches Ende er ebenso planmäßig und zielstrebig, wie die beiden Offiziere die vermeintliche Komödie, verfolgt (vgl. III/5). Zuvor allerdings, als eine weitere Variante der ‚Binnenkomödie‘, beschließen die Offiziere am Ende der Szene, Rammler eine „Komödie" zu spielen, „die ihres gleichen nicht hat" (II/2).

Das Gespräch zwischen Eisenhardt und Pirzel wird in III/4 fortgesetzt und umspannt damit jenen dramatischen Punkt, wo die adlige Männer-Komödie in die bürgerliche Lebenswelt Marianes eingegriffen hat und zu deren Tragik wird. Desportes ist „weggelaufen" (III/3), Mariane ist bei Stolzius und dessen dominanter Mutter denunziert, die Aussichten auf den gesellschaftlichen Aufstieg – suggeriert durch den Vater (s. o.) wie durch Desportes selbst („Sie sind für keinen Bürger gemacht", II/3) –, den Mariane stets für unmöglich gehalten hat („nein Herr Baron, davon wird nichts", II/3), erweisen sich als wertloses Heiratsversprechen Desportes’. Die *„Promesse de Mariage"* (III/3) behält nur noch einen juristischen Sinn zur Rettung der bürgerlichen Integrität der Familie Wesener. Nicht in diätetischen Lebensregeln, wie sie noch der Dorfschulmeister Wenzeslaus im *Hofmeister* empfohlen hatte, allein in der Fähigkeit des Denkens sieht Pirzel ein Sublimat männlicher Sexualität. Doch ist auch dieses Denken wiederum patriarchal exklusiv, ein Privileg der Männer, denn über den *Menschen* zu denken heißt für Pirzel über den *Mann* zu denken (vgl. III/4). Lenz stellt damit dem patriarchalen Handeln, wonach Mariane das Objekt männlichen Begehrens ist, gewissermaßen dessen Komplement, das patriarchale Denken, zur Seite, das entweder in sich selbst kreist und leerläuft (Pirzel) oder instrumentell die Maximierung der eigenen Lust verfolgt (Desportes, Mary). Ob sich demgegenüber das weibliche Denken und Handeln, figuriert in der Gräfin La Roche, als das prinzipiell andere erweisen, oder nicht vielmehr auch im vermeintlich anderen patriarchale Strukturen eingeschrieben sind, muß sich zeigen.

4.2 Die empfindsame Lösung? Interpretationen zu Szene III/8 und III/10

Lenz gestaltete die Figur der Gräfin La Roche nach der für viele Literaten der 1770er Jahre wichtigen Schriftstellerin – Lenz und Goethe redeten sie brieflich sogar mit ‚Meine Mutter' an – und wohl berühmtesten deutschsprachigen Autorin der zweiten Jahrhunderthälfte Sophie von La Roche (1730–1807). Sie war die Großmutter von Clemens Brentano und Bettina von Arnim und hatte mit ihrem Briefroman *Geschichte des Fräuleins von Sternheim* (1771) den bedeutendsten empfindsamen Roman einer Frau geschrieben. Sophie von La Roche wird bis heute als mustergültige Vertreterin weiblicher Aufklärung und empfindsamer Literatur verstanden.[3]

Noch vor dem dramatischen Höhepunkt des Stücks, Marianes Flucht in IV/5, wird die empfindsame Weltanschauung der Gräfin La Roche in III/8 vorgestellt. Lenz hält sich damit noch weniger als im *Hofmeister* an die strenge Architektonik des regelmäßigen, d. h. nach konventionalisierten klassischen Regeln strukturierten Dramas, wonach die Peripetie des Stücks im dritten Akt erfolgt. In der Figur des jungen Grafen stellt Lenz einen weiteren Vertreter männlichen Begehrens vor, eines empfindsam überhöhten Begehrens, dessen Objekt wiederum Mariane ist. Die dominante adlige Mutter stellt ihren Sohn wegen einer Begegnung bzw. vermeintlichen Liebesangelegenheit zur Rede. In der doppelten Mutter-Sohn-Konstellation einmal aus der bürgerlichen (Mutter – Stolzius) und einmal aus der adligen Schicht (Gräfin – junger Graf) zeigt sich wieder Lenz' Parallelisierungstechnik, die das Thema des männlichen Begehrens als nicht standesdistinktes ausweist. Vielmehr sind die Diskursivierungsmöglichkeiten und Diskursgebote des Begehrens wie z. B. der derbe soldatische Diskurs, der aufgeklärt-theologische Diskurs Eisenhardts, der zitat- und scheinhafte Bildungsdiskurs Desportes' oder der empfindsame Diskurs der Gräfin schichtenspezifisch. Im Sexualitätsdiskurs konstituiert sich also das *Tragikomische*, wonach die

---

[3]   Vgl. Becker-Cantarino (1988), S. 247–253 (dort auch weiterführende Literatur). – Auf die Schwierigkeit einer Trennung von empfindsamer Literatur und Sturm-und-Drang-Literatur kann hier nicht eingegangen werden. Vgl. zum Komplex der Empfindsamkeit die grundlegende Arbeit von Gerhard Sauder (1974).

Handlung das Komische und die handelnden Personen das Tragische bedingen (vgl. Lenz' *Anmerkungen übers Theater*), als der zeitgemäße *literarische Diskurs*. Die Handlung, die dramatische Situation besteht in der Verführungsgewalt aristokratischer männlicher Sexualität, das Tragische besteht darin, daß sich ein bürgerliches, dazu weibliches Individuum in der Gesellschaft der 1770er Jahre gegen diese Gewalt nicht wehren kann, weil es sich nicht wehren darf. Die Freiheit des Willens, die Kant am Ende des Jahrhunderts postuliert, ist nicht die Entscheidungs- und Handlungsfreiheit einer bürgerlichen Frau. Mariane darf sich dieser Gewalt nicht entziehen, da sie eingesperrt ist in die Phantasien patriarchaler Gewalt, in die Begehrensphantasien der Offiziere wie in die Phantasie des Vaters vom sozialen Aufstieg. Für Mariane gilt einmal mehr, was Lessing in seiner *Emilia Galotti* (1772) auf den Punkt gebracht hat: „Verführung ist die wahre Gewalt" (V/5). In der Sexualität reproduzieren sich gesellschaftliche und patriarchale Herrschaftsinteressen – dieser Befund macht den Autor Lenz zweifelsohne zu einem der scharfsichtigsten Diagnostiker seiner Zeit.

Die Frage, die sich nun in III/8 stellt und die damit das Spektrum der am Sexualitätsdiskurs beteiligten Diskutanten erweitert, ist: Kann sublimierte Sexualität[4] als soziale Tugend das Begehren kanalisieren und patriarchale wie ständisch-gesellschaftliche Machtregularien unterlaufen, offeriert mithin der empfindsame Diskurs eine Lösung des Sexualitätsproblems?

In Szene III/8 werden von der Gräfin die zentralen Topoi empfindsamer Literatur, das (empfindsame) *Herz* und das (soziale) *Mitleiden*, letzteres auch der Basisbegriff für Lessings Theorie des Bürgerlichen Trauerspiels, genannt. Ihr Sohn habe, so reflektiert die Gräfin, ein „so empfindliches Herz" (III/8), der Sohn wiederum erkennt bei Mariane „ein so leichtes offenes unschuldiges Herz" (ebd.) und überträgt damit die standesdistinkte Begehrensdiskursivierung auf das Objekt seines Begehrens. Dieser Übertragung begegnet die Gräfin aber mit einem moralischen Appell: „Überlaß das Mitleiden mir. Glaube mir [. . .], ich habe kein härteres Herz als du. Aber mir kann das Mitleiden nicht so gefährlich werden" (ebd.). Der Rat der Mutter, ihr Sohn solle wegen der Verführungs-

---

4   Ich schließe mich der These Gerhard Sauders an, der die empfindsame Tendenz als sozial- und psychohistorisch bedingtes Sublimat des Triebpotentials der bürgerlichen Gesellschaft im 18. Jahrhundert interpretiert (vgl. Sauder, 1990). – Vgl. auch Bovenschen (1979), S.150 ff.

gefahr durch Mariane aus der Stadt reisen, führt das Fluchtmotiv
des Stücks weiter: Desportes' Flucht (vgl. III/3 und III/7), die Flucht
des jungen La Roche (vgl. III/8) und schließlich Marianes Flucht
(vgl. IV/5) geben dem Stück eine Binnendynamik, die den Sexualitätsdiskurs als ‚Handlungsebene' im Sinne von Lenz' Komödientheorie weiter spezifiziert, ohne daß dabei das jeweilige, sehr un-
terschiedliche Fluchtmotiv nivelliert würde. Desportes flieht, nachdem er Mariane entjungfert und ihr damit auch die bürgerlich-
gesellschaftliche Unschuld genommen hatte, also nach der Realisierung seines Begehrens. Der junge Graf flieht vor dem eigenen
Begehren (vgl. auch III/9), und Mariane selbst muß als Opfer männlichen Begehrens fliehen.

In III/10 scheint es zunächst so, als ob sich die Gräfin tatsächlich
über den Standesunterschied zwischen ihr und Mariane hinwegsetzt
und die empfindsam-moralische Gleichheit beider Frauen die weibliche Utopie der ständefreien Gesellschaft antizipiert. Ihr Verspre-
chen dem Sohn gegenüber, sich um Marie als ihre „zärtlichste Freundin" (III/8) zu kümmern, löst die Gräfin nun ein. Sie begibt sich selbst
zur Bürgerlichen – auch darin unterläuft sie einen adeligen Verhaltensstandard –, um ihr sogleich die vorurteilsfreie und das bedeutet
die genuin aufgeklärte Freundschaft anzubieten. „Sehen Sie mich
als Ihre beste Freundin an" (III/10), „meine neue liebe Freundin"
(ebd.), mit diesem Freundschaftsangebot versucht sie Mariane zu
gewinnen. Die empfindsam-zärtlich übersteigerte Sympathie, das
Mit-Leiden als soziales und menschliches Tugendgebot („ich liebe
Sie mein Engel!", ebd.) verdeckt aber die Herrschaftsgeste, die sich
in der demonstrativ betonten moralischen Gleichheit beider Frauen
trotz allem zeigt. Denn, betont die Adlige zu Beginn der Unterhal-
tung noch das Offene und Einnehmende von Marianes Charakter,
spricht sie noch davon, daß sich Mariane ihr „Unglück durch kein
Laster zugezogen [habe]" (ebd.), zeigen bereits die moralischen
Wertbegriffe die mentalitätsspezifische Situierung des Bewußtseins
von der Gnade der privilegierten Geburt. Das Konstrukt des Seelen-
adels als einem wichtigen Ergebnis des bürgerlichen Emanzipations-
prozesses im 18. Jahrhundert bleibt dem Privileg des Geburtsadels
stets unterlegen. Die Seelengleichheit, aus empfindsamer Lebenshal-
tung heraus motiviert, impliziert nicht die gesellschaftlich-soziale
Gleichheit. Im Gegenteil, die Gräfin erweist sich als durchaus vorur-
teilsbefangen, allein die Schlagfertigkeit Marianes demaskiert die
gräfliche Freundschaft als empfindsam camouflierte Herrschaftsgeste:

GRÄFIN: [. . .] Ihr einziger Fehler war, daß Sie die Welt nicht kannten, daß Sie den Unterschied nicht kannten, der unter den verschiedenen Ständen herrscht, daß Sie die Pamela gelesen haben, das gefährlichste Buch das eine Person aus Ihrem Stande lesen kann.
MARIANE: Ich kenne das Buch ganz und gar nicht. [. . .]
GRÄFIN: [. . .] wie kamen Sie doch dazu, über Ihren Stand heraus sich nach einem Mann umzusehen (III/10).

In diesem Gespräch wird Mariane durch die Gräfin in eine defensorische Rolle gedrängt, bereits in dieser Kommunikationssituation spiegelt sich das Machtverhältnis der beiden Frauen wider. Signifikant daran ist, daß die Gräfin fünfmal expressis verbis auf den Ständeunterschied zwischen der bürgerlichen Mariane Wesener und dem adligen Stand hinweist. Diese Hinweise haben den Charakter eines Naturgesetzes, das nicht verletzt werden darf, da es sonst die sittliche und gesellschaftliche Ordnung bedroht. Der Vorwurf der Gräfin lautet: „Sie wollten die Welt umkehren" (ebd.). In der Infantilisierung der bürgerlichen Frau durch die Adlige liegt die Voraussetzung einer Stabilisierung des Ständeunterschieds und damit des Machtverhältnisses, Mariane ist nun nicht mehr die „liebe Freundin", sondern ein „armes Kind", ein „armes betrogenes durch die Eitelkeit gemißhandeltes Kind", ein „bestes Kind! unglückliches Mädchen", „liebes Kind", das aus Unwissenheit über den Ständeunterschied und aus persönlicher Eitelkeit sich anschickte, die Herrschaftsverhältnisse umzukehren, und dem am Schluß der Szene ein „Adieu Kind!" (ebd.) gilt.

Aus dem Einzelschicksal und Einzelvergehen Mariane Weseners blickt für die Aristokratin die generelle Gefahr revolutionärer Umtriebe, die Gräfin zeigt sich als weit mehr als eine nur standesbewußte Person. Sie artikuliert bereits – und darin liegt zweifelsohne eine kritische Absicht des Autors Lenz – die Angst des Adels vor dem Emanzipationsanspruch des Bürgertums. Selbst das aristokratische Herrschaftswissen über gute und schlechte Bücher muß die Gräfin anführen, um die Drastik von Marianes ständischem Vergehen aufzuzeigen. Die Behauptung allerdings, Mariane habe die *Pamela,* das „gefährlichste Buch" (ebd.), gelesen, dementiert diese schlagfertig. Samuel Richardson (1689–1761) hatte den Roman *Pamela, or Virtue Rewarded* 1740 veröffentlicht und darin die Situation des Dienstmädchens Pamela Andrews beschrieben, die trotz zahlreicher Verführungs- und Vergewaltigungsversuche ihres adligen Dienstherrn tugendhaft bleibt und dadurch schließlich als dessen Frau den sozialen Aufstieg erfährt. Richardsons Roman, 1772 ins Deutsche über-

setzt (*Pamela oder die belohnte Tugend eines Frauenzimmers*) wurde
mit seiner empfindsamen Motivik sehr schnell populär. Der Vorwurf der Gräfin La Roche koppelt also Lektürepraxis und Standesbewußtsein, aus der Wahl der falschen Lektüre erkläre sich Marianes
falsches Standesbewußtsein. Interessant ist hierbei, wie plötzlich die
Gräfin ihre Sympathie in Schuldzuweisung verkehrt. Hatte sie im
Gespräch mit ihrem Sohn noch gesagt, Mariane wäre „nicht aus ihrer Schuld" (III/8) hintergangen worden, unterstellt sie nun Mariane
das Begehren nach sozialem Aufstieg als autonome Willensent-
scheidung: „wie kamen Sie doch dazu, über Ihren Stand heraus sich
nach einem Mann umzusehen" (III/10, Hervorhebung M. L.), und:
„Sie wollten von Ihresgleichen beneidet werden" (ebd.). Die Gräfin
stellt damit die wahren Verhältnisse auf den Kopf, waren es doch
der Vater (vgl. I/6) und der Adlige Desportes (vgl. II/3), die Mariane
zum Begehren nach sozialem Aufstieg drängten, um ihre eigenen
Interessen – Gewinn von sozialer und ökonomischer Reputation beim
Vater, sexuelles Interesse bei Desportes – zu verfolgen. Zudem
kriminalisiert die Gräfin das sexuelle Begehren Marianes, sie unterstellt ihr die Objektbildung männlichen Begehrens als kalkulatorische
Größe ihres eigenen Begehrens. Die Gräfin macht sich damit zur
Apologetin des Patriarchats, es seien Marianes „Gestalt", „Schönheit", „schön Gesicht", „fürtreffliche Gesichtszüge", „einnehmende[s] bezaubernde[s] Wesen", dem die (aristokratischen) Männer als
„unbarmherzige Verräter" (ebd.) erlägen. Mariane wird als Opfer
für das verantwortlich gemacht, was die Täter zur Tat motivierte.
Neben dieses moralische Urteil der Gräfin tritt ein zweites, ein
staatspolitisches Urteil, Mariane warb um die „Liebe eines Offiziers"
(ebd.) und gefährdete damit nicht nur die Macht des Adels, sondern
die innere und äußere Sicherheit des Staates insgesamt. Ein Offizier
– so die Gräfin – höre auf, „ein braver [!] Soldat zu sein [. . .], sobald er ein treuer Liebhaber wird, der dem König schwört es nicht
zu sein und sich dafür von ihm bezahlen läßt" (ebd.). Schließlich
unterstellt die Gräfin der Bürgerstochter jene instrumentelle Vernunft,
die im Stück als planmäßige List der Offiziere vorgestellt wird.
Mariane soll, „da Sie nun sehen daß es fehlgeschlagen hat" (ebd.),
vorsätzlich das Begehren des jungen Grafen La Roche auf sich ge-
lenkt haben. Das Gebot, der Sohn müsse die Stadt verlassen, wird
mit dem Verbot Mariane gegenüber korreliert: „Lassen Sie sich alle
Anschläge auf meinen Sohn vergehen" (ebd.). Mariane ist trotz des
empfindsamen Mitleidens aus der Sicht der Gräfin die inkarnierte
Bedrohung für den Sohn, für das männliche Begehren, für den adli-

gen Stand und für den Staat. Vor der Folie dieser vierfachen Bedrohung stilisiert die Gräfin sich selbst in christlicher Ikonographie,
wodurch der empfindsame Duktus ihrer Rede einen empfindsam-
topologischen Ausdruck erhält. Sie möchte ihr „Blut hergeben"
(III/10), um die Tat (!), den Ausblick auf den sozialen Aufstieg, un-
geschehen zu machen. Pathetisch bestimmt sie ihren Stellvertretertod
(„ich will sterben, wenn ich dich nicht herausziehe", ebd.). Diese
diskursive Ikonographie wird durch die Regieanweisungen ergänzt,
„*mit gefalteten Händen*" (ebd.) sinkt Mariane vor der Gräfin auf
die Knie, „*wie im Gebet*" (ebd.) liegt sie am Szenenende. Diese
Demutshaltung gilt nicht nur der Adligen, sie gilt auch der vernünftigen Erlöserin, die ihr den „Abgrund" (ebd.) aufgezeigt und Hilfe
angeboten hat, „kommen Sie mit in mein Haus, [. . .] werden Sie
meine Gesellschafterin", „es ist nie zu spät vernünftig zu werden"
(ebd.). Die Schuld(en) der Eltern muß das Opfer tilgen, auch Ver-
nünftigkeit ist eine Kapitalanlage („tausend Taler zur Aussteuer",
ebd.). Anders als im *Hofmeister,* wo Wenzeslaus dem Hofmeister
Läuffer diätetische Maßnahmen zur Triebkontrolle und Affektmo-
dellierung empfiehlt, und anders als im *Neuen Menoza,* wo Prinz
Tandi für einen Zeitraum von fünf Jahren zu entsagen bereit ist, also
einen befristeten sexuellen Verzicht offeriert, um das Objekt seines
Begehrens zu erlangen, stellt die Gräfin in den *Soldaten* Mariane
eine symbolische Kasernierung, die soziale und sexuelle Isolation
als Modell der Triebkontrolle in Aussicht. In diesem Modell wird
der zivilisationshistorische Prozeß der Umwandlung von Fremdzwang in Selbstzwang evident. Mariane wird zum sozialen Verzicht
gezwungen, um dadurch den Zwang zur Kontrolle ihres eigenen
Begehrens zu erlernen. Auf diese Weise wird der adlige Erziehungs-
und Verhaltensstandard an die Bürgerliche weitergegeben. In der
Apologie des Patriarchats durch die Gräfin trifft die Männer keine
Schuld, weder den adligen Verführer noch den verführenden Vater.
Die Gräfin ignoriert das doppelte Herrschaftsverhältnis, dessen Opfer Mariane geworden ist, sie ist Opfer des Standesunterschieds und
damit der Ständegesellschaft, und sie ist Opfer des Patriarchats. Der
empfindsame Sexualitätsdiskurs der Gräfin scheint folglich Mariane
keine Lösung zu bieten.

Der Sexualitätsdiskurs bildet in den *Soldaten* stärker noch als im
Hofmeister und im *Neuen Menoza* jene Handlungs- und Gesprächs-
ebene, auf der ein fünffaches männliches Begehren in Mariane als
Liebesobjekt fokussiert. Stolzius, der betrogene bürgerliche Liebhaber, Desportes, der adlige Verführer, Mary, der verliebte Offizier,

Graf von La Roche, der empfindsam Schwärmende, und der namenlose Jäger, der sich in rüden Vergewaltigungsphantasien ergeht (vgl. IV/8). Diesem Begehrensdruck steht Mariane als eine bürgerliche Frau gegenüber, der es versagt bleibt, autonom Lebensentscheidungen zu treffen. Sie muß sich der angebotenen sozialen Tugendhaftigkeit der Gräfin unterwerfen, so wie sie sich der väterlichen Erziehung hatte bedingungslos unterwerfen müssen, will sie nicht aus dem ohnehin grobmaschigen Netz sozialer Strukturen herausfallen. Im fünften Akt wird das Verhalten des Offiziers Mary als das entlarvt, was es von Anfang an gewesen ist, das nackte Begehren nach dem Frauenkörper in der Phantasie der unbedingten Verfügbarkeit über diesen. Die vermeintliche Verliebtheit („ich bin zum Rasendwerden verliebt in sie", IV/1) und das angedeutete Schuldbewußtsein, als er erfährt, daß Mariane geflohen ist („ich bin schuld an allem", IV/6), sind Formen von Marys Begehrensstrategie. Nicht nur Mariane ist sein Liebesobjekt. Marianes Mutter weist ihre Tochter darauf hin, daß „die ganze Welt sagt, er hab sich verliebt in die kleine Madam Düval" (III/9). Die Schutzbehauptungen Marys sind wie alle Heiratsversprechen im Stück – einschließlich dem Arrangement Desportes', daß sein Jäger Mariane heiraten dürfe (vgl. V/3) – Begehrensformen einer patriarchalen Gesellschaft, die nur das Recht männlicher Gewalt und die Frau nur als Objekt wie Opfer dieser Gewalt kennt. Dies macht die zeitgenössische Diskussion um die in den 1770er Jahren rapide angestiegenen Kindsmorde besonders deutlich. Die Frau ist nicht nur Opfer sexueller Gewalt, sondern auch gesellschaftlicher Ächtung. Ob das Modell, das Lenz in dieser Situation anbietet (s. u.), wirklich auch ein Lösungsmodell ist, muß sich zeigen.

Während Desportes sich darin bestätigt sieht, daß Mariane „eine Hure vom Anfang an gewesen [ist]" (V/3), und Mary „aller Appetit zu ihr verging" (ebd.), tritt der verratene Stolzius in dieser Bekenntnisszene als der sich selbst rächende Richter auf: „Ich bin Stolzius, dessen Braut du zur Hure machtest. [. . .] Du bist gerochen meine Mariane!" (ebd.). Diese Sequenz kann als die radikalste Lösung des Sexualitätsproblems gedeutet werden, die Täter werden liquidiert, dem Opfer ist damit aber nicht geholfen. Die Szene, die in direktem Kontrast zum empfindsamen Lösungsangebot der Gräfin La Roche steht, verdeutlicht, daß die patriarchale Lösung nur die Gewalt fortsetzt. Der Tod der Täter bedeutet nicht nur die Rache für das weibliche Opfer, er schließt auch Sühne für die beleidigte Ehre des betrogenen Liebhabers mit ein, ist also doppelt motiviert (darauf weist auch der Freitod von Stolzius hin). Denn die Frage bleibt offen, weshalb Stolzius nicht beispielsweise Mariane gesucht und sie gerettet und damit das für die Komödie konstitutive Ende ermöglicht hat. Lenz verweigert sich dieser einfachen Lösung, eine allgemeine Problemlösung gibt es für ihn nicht. Er treibt die Widersprüche auch in diesem Stück so deutlich hervor, daß in dem Spannungsgefüge von Wirklichkeit und Absicht, von Realität und Lösung sogar noch eine Utopie Platz hat, die Utopie einer friedlichen Gesellschaft oder das Modell einer *sozialen* Affektkontrolle.

4.3 Kontrolle des Begehrens und gesellschaftliche Macht. Interpretationen zu Szene IV/3 und V/5

In der Forschung wurde die Schlußszene des Stücks allgemein als eine Antwort Lenz' auf das Soldatenproblem gedeutet. Doch sollte man auch hier, wie bei der Beurteilung der Rolle des Geheimen Rats im *Hofmeister*, die beschriebenen Positionen der Gräfin und des Obristen nicht vorschnell mit der Ansicht des Autors gleichsetzen. Zumindest sollten zuvor einige kritische Fragen gestellt werden wie z. B. (1) Was ist von der kritischen Darstellung der Figur der Gräfin in III/10 in die Schlußszene eingegangen? Gibt es möglicherweise eine Mitverantwortung der Gräfin an Marianes Flucht? Und (2) Worin besteht eigentlich ‚das Soldatenproblem'?

Zwischen der Szene, in der die Gräfin kritisch dargestellt wird (s. o.) und der Schlußszene des Stücks liegt die Szene IV/3, in der Lenz die Kritik an der moralischen Empfindsamkeit der Adligen weiter vorantreibt. Insofern greift es auch zu kurz, in der Gräfin La Roche des Stücks ausschließlich die historische Person Sophie von La Roche zu sehen. Vielmehr ist es so, daß der literarische poetische Diskurs Lenz die Möglichkeit direkter Gesellschafts- bzw. Adelskritik bietet. Lenz verschiebt die Kritik an der Frau, die er schätzt, auf die Kritik ihrer Literarisierung. Der literarische Diskurs erlaubt ihm, was ihm die Realität des Standesunterschieds mit ihren erforderlichen Verhaltensstandards verwehrt. Die historische Person ist zwar Wunschfreundin und Wunsch-Mutter, wie dies im Briefwechsel zwischen Lenz und Sophie von La Roche zum Ausdruck kommt, zugleich vertritt aber die Gräfin des Stücks als moralische Instanz auch ein System von Überwachen und Strafen, dem der Bürgerliche Lenz selbst ausgeliefert war. Im literarischen Diskurs manifestiert sich dies in der Überwachung Marianes durch die Gräfin, genauer, sie überwacht ihr Gebot, daß Mariane sich einer erzwungen-freiwilligen sozialen und sexuellen Askese unterwirft. Nur so scheint ihr die moralische Tugendhaftigkeit Marianes wiederherzustellen zu sein (vgl. III/10). Auch die Gräfin besitzt – wie der Vater – eine eigene Vorstellung davon, was das „eigen Glück" (IV/3) Marianes konkret bedeutet. Indem sie durch Regeln und Vorschriften festlegt, was für Marianes Leben Glück bedeutet, reproduziert sie Erziehungsmechanismen der patriarchalen Gesellschaft. Bereits die Erziehungsabsicht der Gräfin unterliegt also Lenz' Kritik. Die Überwachung ihrer Regeln überprüft die Gräfin nicht durch diskursive Praktiken, sie delegiert auch nicht die Verantwortung der Kontrolle an andere. Sie selbst ist moralische Instanz und Kontrolle in einem. Neben die *diskursive* Herrschaft, das Gebot, tritt die *soziale* Macht, Kontrolle und Bestrafung: Die Gräfin *„lehnt ihr Ohr an die grüne Wand des Gartens"* (IV/3). Der klassische Ort für Liebesgespräche, der locus amoenus, wird zum Ort eines moralischen und gesellschaftlichen Herrschaftsrituals. Die Adlige belauscht ein Gespräch zwischen Mary und Mariane, sie kann sogar Marianes aufrichtige Haltung ihr gegenüber vernehmen: „Die Frau Gräfin ist die scharmanteste Frau die auf Gottes Erdboden ist" (ebd.). Der Versuch der Gräfin, Mariane zu desexualisieren, wird als solcher auch von der Außenwelt erkannt, klösterlich, dem männlichen Begehren entzogen, wirkt Marianes Lebensform auf Mary. Der Lüge, daß ihr ehemaliger Geliebter Desportes Marianes Aufenthalt erfahren wolle, begegnet diese tugendhaft, er solle sie vergessen. Damit erfüllt Mariane die von ihr erwartete Abwehr des Begehrens, sie hat den erzwungenen moralischen Rigorismus der Gräfin durchaus erfolgreich verinnerlicht, den Fremdzwang in Selbstzwang umgewandelt. Und dennoch erfährt sie durch die Gräfin die höchste Bestrafung, die dieser möglich ist. Weshalb? Der Bestrafung voraus gehen zwei Verhaltensformen, die Lenz geschickt auf engstem Raum komprimiert und die allein die Tragik der Strafe und damit die implizite Kritik am Verhalten der Gräfin veranschaulichen. Die Gräfin muß die Situation zwischen Mary und Mariane denunzieren, sie spricht von einem „Rendezvous" (ebd.), obwohl sie das Gespräch verfolgt hat („ich habe alles gehört", ebd.) und ihr die Verführungsstrategie Marys und Marianes Standhaftigkeit bekannt sind. Mariane hat das Gebot, ein Jahr lang keinen Mann mehr zu sehen, das Verbot also, überhaupt Kontakt mit Männern zu pflegen, verletzt. Die Gräfin wertet diese Verletzung auf und setzt damit ihre diskursive Herrschaft maßlos fort. Es ist kein *Gespräch*, das ihr den Erfolg ihrer moralischen Erziehung und Maßnahme zeigen könnte, sondern ein *Rendezvous*. Sie besetzt damit die Situation mit einem Begriff, der ihr nachträglich die Strafe legitimiert. Nun ist es Mariane, die Verrat an ihrer „beste[n] Freundin" (III/10) begeht, es ist sogar Liebesverrat, wenn man in Rechnung stellt, daß es sich um eine empfindsam sublimierte Liebesbeziehung handelt (vgl. ebd.). Mariane begeht Verrat an der Gräfin und wird wieder zum Opfer patriarchal-diskursiver Macht. Diese Herrschaftsform, die zum Ziel die Repression der Sexualität hat (durch den Vater wie durch die Ersatzmutter Gräfin), findet ihr Komplement in der Reproduktion

gesellschaftlicher Machtverhältnisse in dieser Situation. Der bürgerlichen Mariane wird von der Aristokratin keine *Möglichkeit* gegeben, sich zu rechtfertigen, denn dadurch würde die diskursive Herr-
schaftspraxis der Gräfin offenbar, sie müßte der Beschuldigten eingestehen, daß es sich in der Tat um kein Rendezvous handelt. Nicht
einmal die Demutsgeste wie in III/10, allerdings jetzt nur noch „halb
auf Knien" (IV/3, Hervorhebung M. L.), sowie Marianes Bitte um
Verzeihung als Ausdruck der Internalisierung des gräflich-mütterli-
chen Gebots können die Gräfin zur Einsicht bewegen. Nicht eigentlich Mariane ist es, die in dieser Szene als uneinsichtig Handelnde
vorgestellt wird, sondern die Gräfin selbst. Ihr moralischer Rigorismus, ihre Verblendung gegenüber den wahren diskursiven und gesellschaftlichen Machtverhältnissen bestimmen Marianes weitere Zukunft. Das Wissen um deren Glück (s. o.) will aber das Wissen um
deren Unglück nicht kennen. „Hätt ich das gewußt, ich hätte mich
deiner nicht angenommen. [. . .] Ich verzeih es dir niemals wenn du
wider dein eigen Glück handelst. Geh!" (ebd.). Die imperativische
Kürze ist mehr als eine Herrschaftsgeste, es ist zugleich die redu-
zierteste Form eines Diskurses, der von Beginn an die Repression
des Bedrohlichen, der Sexualität, zum Ziel hatte. Damit kontrastiert
deutlich die Diskursbereitschaft der Gräfin dem standesgleichen
Obristen gegenüber. Der empfindsame Lösungsversuch jedenfalls,
das „Herz" Marianes zu „zwingen", der Gräfin zu folgen und ihre
„Klugheit" mit Marianes „Phantasei" (ebd.) zu vereinigen, ist endgültig gescheitert.

Die Schlußszene des Stücks (V/5) bietet eine eigenartige Lösung
des Soldatenproblems an. Der empfindsame Diskurs der Gräfin wird
mit dem Soldatendiskurs, vertreten durch den Offizier Graf von
Spannheim, verschränkt. Die Diskussion einer Lösung findet also in
jener gesellschaftlichen Schicht statt, durch die auch das Problem
im absolutistischen Staat entsteht, dem Adel. Daß bei diesem Gespräch auch noch der Graf und die Gräfin allein in der Wohnung des
Offiziers sich aufhalten, verdichtet die Spannung von Privatheit und
Öffentlichkeit des Problemlösungsversuchs. Die empfindsame See-
lenhaltung der Aristokratin erkennt keine Mitverantwortung an Marianes Situation. Sie geht nicht einmal von der Wohnung des Offiziers aus zu Mariane, obwohl es ihr offensichtlich möglich ist, die
Wiedererkennungsszene (vgl. V/4) zu beobachten. Die Drastik der
sozialen Realität wehrt die Gräfin mit den Worten ab: „Der Anblick
würde mich töten" (V/5). Graf von Spannheim entlarvt unfreiwillig
diese Haltung wenig später, geht es der Gräfin doch weniger um die

Abwehr einer zu erwartenden Traumatisierung, als vielmehr um den Schutz ihrer Standesehre. Über Mariane sagt der Graf: „Ihre Ehre ist hin, kein Mensch darf sich ohne zu erröten ihrer annehmen" (V/5). Mit dieser Bemerkung werden alle weiteren Bemühungen um Mariane von vornherein als unehrenhaft diffamiert.

Die Metapher des Schlachtopfers bringt Marianes Lage im Stück auf den Punkt. Als Objekt männlichen Begehrens wurde sie in Handlungen gezwungen, als infantilisiertes Objekt der väterlichen und ‚mütterlichen' Erziehung wurde sie entindividualisiert und zum sozialen Fall. Geopfert wurde sie für einen gesellschaftlichen Stand, dessen gesamtgesellschaftliche Bedeutung auch vom Autor Lenz nicht generell in Frage gestellt wird. Die Ausflucht des Offiziers, daß eben ein „Schicksal des Himmels über gewisse Personen" (ebd.) verhängt sei, macht zugleich auch die Hilflosigkeit des Autors Lenz dem Problem gegenüber deutlich. Ihm sind, als Bürgerlichem, keine *Handlungs*möglichkeiten gegeben, er *muß* auf ein utopisches Lösungsmodell ausgreifen, das bezeichnenderweise zu seinen Lebzeiten nicht veröffentlicht wurde, allein der literarische Diskurs erlaubt die *unmittelbare* Reaktion auf die Problemsituation. Die Gräfin führt – und darin stimmt sie dem Feldprediger Eisenhardt zu (vgl. III/4) – die Ursache für die katastrophalen sozialen Folgen männlichen Begehrens, das den „unvermeidlichsten Untergang" (ebd.) einer bürgerlichen Familie bedeuten kann, auf die erzwungene Ehelosigkeit des „Standes der Herren Soldaten" (ebd.) zurück. Sie weist damit auf die Bedeutung der Ehe als zentraler Instanz der Triebkontrolle der bürgerlichen Gesellschaft im 18. Jahrhundert hin, wie auch der Graf sehr genau den Zusammenhang von männlichem Begehren und Macht erkennt, garantiert doch unkontrolliertes männliches Begehren immer noch kampfbereite Soldaten. Dem „Ungeheuer" (ebd.) Soldat, das stellvertretend für die gesamte Gesellschaft die Verschränkung von Sexualität und Aggressivität, von Begehren und Macht, vertritt, muß immer wieder ein „Frauenzimmer freiwillig aufgeopfert" (ebd.) werden, damit die anderen „verschont" (ebd.) bleiben. Der Text läßt an dieser Stelle an Deutlichkeit nichts zu wünschen übrig. Denn daß es sich bei diesem Frauenopfer stets nur um bürgerliche Frauen handelt bzw. handeln soll, ist der mentale Vorbehalt der Gräfin. Das Begehren läßt sich auch in einer noch so radikal aufgeklärten Gesellschaft nicht völlig diskursivieren, deshalb gilt es, mit den Folgen pragmatisch umzugehen. „Den Trieb haben doch alle Menschen" (ebd.), darin stimmt auch der Obrist mit dem Theologen überein („der Trieb ist in allen Menschen", I/4). Diese Einsicht hält den

Sexualitätsdiskurs im Stück gewissermaßen zusammen. Mit dem emphatischen Ausruf der Gräfin, daß dem gesamten Staat geholfen würde, wenn sich jemand fände, der die Konkubinenlösung vortrüge, scheint sich Lenz selbst als Reformer zu empfehlen. Danach figurieren Frauen als willfährige Geschlechtsobjekte zur Stimulierung der männlichen (soldatischen) Aggressivität und zur Sicherung der gesellschaftlichen Ordnung nach innen und außen. Signifikant ist auch hier, daß der Blick auf die Problemlösung den Blick auf die Ursachen des Problems verstellt. In der Schrift *Über die Soldatenehen*, auf die zum Schluß noch kurz eingegangen sei, stellt Lenz seine militärreformerischen Vorschläge zur Diskussion. Zwischen Frühjahr und Winter 1776 entstanden, erst aber 1913 gedruckt[5], ist diese Schrift direkt an die Herrschenden (die „Könige", WuB II, S. 787) gerichtet. Die Adressaten im engeren Sinne sind der absolutistisch-aufgeklärte Herzog Karl August und der französische Minister Graf Saint-Germain.[6] Lenz erweist sich hier keineswegs als radikaler Gesellschaftsreformer, in dessen Reformvorschlägen zum Militärwesen der 1770er Jahre bereits gesellschaftspolitische Positionen der Jakobiner vorweggenommen würden. Es ist zwar durchaus zutreffend, daß Lenz' Militärreform „Teil einer allgemeinen Gesellschaftreform"[7] ist, doch zielt diese Gesellschaftsreform auf die Wiederherstellung einer aufgeklärt vernünftigen Monarchie (vgl. den Anfang der *Soldatenehen*). Wer von Lenz also eine radikale Gesellschaftskritik mit einem großen utopischen Gegenentwurf erwartet, wird enttäuscht. Wer Lenz allerdings an seinem eigenen, in den *Soldatenehen* formulierten Anspruch mißt – „ich deklamiere nicht, ich protokolliere nur" (WuB II, S. 807) –, wird erstaunt sein über die analytische Schärfe und den diagnostischen Blick seines Gesellschaftsprotokolls. Lenz weist nachdrücklich darauf hin, daß seine „Platonische Träume" (ebd., S. 798) keine „systematische Abhandlung" (ebd., S. 809) seien. Wurde in den *Soldaten* wiederholt darauf hingewiesen (zuletzt in der Schlußszene durch Gräfin La Roche), daß Sexualität die menschliche Natur konstituiere, so ergänzt Lenz in den *Soldatenehen* diesen Befund mit der Feststellung,

---

[5]   Der erstmals durch Karl Freye edierte Text ist lediglich ein kleiner Teil aus einem umfassenden bis heute unveröffentlichten Konvolut von Studien zu Fragen der Militär- und Weltgeschichte (wiederabgedruckt in WuB II, S. 787–827).

[6]   Vgl. WuB II, S. 946.

[7]   Winter (1987), S. 73.

daß auch „Macht [. . .] in die menschliche Natur geschrieben [ist]"
(WuB II, S. 789). Analyse des Menschen in einer jeweiligen sozialen und historischen Situation bedeutet demnach für den Autor Lenz
auch immer Analytik der Diskurse über Sexualität und Macht. Das
Ziel von Lenz' Argumentationsgang ist – soweit der fragmentarische
Charakter des Textes diese Schlußfolgerung zuläßt –, dem drohen-
den Zerfall der sittlichen Ordnung durch eine gesellschaftliche Re-
form zu begegnen, die sowohl das Bewußtsein der Soldaten von sich
selbst wie auch den gesellschaftlichen Wert und die Bedeutung des
Soldatenstandes im Bewußtsein der übrigen Bevölkerung stärken
soll. Genau besehen läuft diese Überlegung von Lenz auf eine um-
fassende Militarisierung der Gesellschaft hinaus. Dazu sind mehrere Schritte erforderlich: (1) Die Soldaten sind ihrem Sozial- und
Bewußtseinsstatus nach nicht mehr als „ausgelernte Mörder", sondern als „Verteidiger ihres Vaterlandes" (ebd., S. 792) zu betrachten. Der ‚Bürger in Uniform' steht am Ende dieser bis in die Gegenwart hinein verlängerbaren Linie. Damit verbunden ist (2) die Umwandlung einer Angriffsarmee in eine Armee mit reinen Verteidi-
gungsaufgaben. Daß damit auch ein Präventivkrieg gerechtfertigt ist,
zumal wenn er vom König von Preußen geführt wird, sagt Lenz ausdrücklich. Um die Verteidigungsbereitschaft der Soldaten aufrecht-
zuerhalten, ist eine entsprechende motivationale Grundlage erforderlich, die Soldaten müssen *wissen*, was sie verteidigen. An dieser
Stelle nun führt Lenz den Militärdiskurs mit dem Sexualitätsdiskurs
zusammen, der Soldat müsse die sinnlichen „Vorteile" (ebd., S. 798)
kennen, mit deren Genuß die Bereitschaft zum Kampf verbunden
sei. Diese Verlockungsprämie – um einen psychoanalytischen Begriff aufzunehmen – sieht Lenz in der notwendigen Verehelichung
aller Soldaten. Die Aussicht auf die „ehlichen Freuden" (ebd., S. 802)
macht den Soldaten mutig und kampfbereit. Durch die monogame
Lebensführung werde zugleich auch verhindert, daß die Soldaten in
Folge ihres ausschweifenden Lebenswandels und ihrer Promiskuität
körperlich geschwächt werden und die Dauer eines „zwölfstündi-
ge[n] Gefecht[s]" (ebd., S. 797) nicht durchhalten. Und schließlich
sieht Lenz in der Monogamisierung des männlichen Begehrens das
einzige Mittel, die Sitten der Frauen und damit „die Sitten des ganzen Staats zu verbessern" (ebd., S. 802, im Original gesperrt), der
Soldatenstand wird als „das Muster guter Sitten" (ebd., S. 821)
verheißen. Lenz beschreibt drastisch den Kasernenalltag, er plädiert
für eine humanere Soldatenausbildung und eine effektivere – im Sinne
seiner pragmatischen Schrift heißt dies auch ökonomischere – „mi-

litärische Erziehung" (WuB II, S. 817). Häufigere Besuchsmöglich-
keiten könnten den verheirateten Soldaten sogar erlauben, die Erziehung der „Soldatenkinder" selbst in die Hand zu nehmen, mit
den „Buben exerzieren", und „solange keine Soldatenkinder da sind,
könnten die Brüder der Soldatenweiber zum Dienst abgerichtet [!]
werden" (ebd., S. 819). Werden die Söhne der Soldaten in Lenz'
Modell der „Soldatenfamilien" (ebd., S. 824) wiederum zu Soldaten
ausgebildet, so sollen die „Töchter aus den Soldatenehen" (ebd.,
S. 825) aus der Staatskasse eine Aussteuer erhalten. Dieses familiale
Modell militärischer Ausbildung umfaßt alle gesellschaftlichen
Schichten, den gemeinen Soldat ebenso wie den adligen Offizier.
Das Konkubinenmodell, das Lenz noch in den *Soldaten* durch die
Gräfin und den Obristen zur Diskussion stellen ließ, ist also in sei-
ner Programmschrift *Über die Soldatenehen* wesentlich modifiziert.
Der Soldatenstand erfährt keine soziale Exklusivität mehr, sondern
wird in die aufgeklärte Ordnung der bürgerlichen Gesellschaft integriert. Evident wird, daß damit das Wohl des Staates auf die Kampf-
bereitschaft der Soldaten abgestellt ist und die ‚Soldatisierung' aller
Stände droht. Entscheidender allerdings ist, daß Lenz' Modifikation
vom Konkubinenmodell zum Integrationsmodell auch ein Moment
der Kritik enthält, sind es doch Adlige (Gräfin La Roche und Graf
von Spannheim), die das Modell des öffentlichen Konkubinats in
den *Soldaten* vortragen, das letztendlich in ihrem eigenen Standes-
interesse liegt. Man sollte daher nicht vorschnell die Schlußszene
des Stücks im Sinne einer offenbarten Autorintention deuten.

5 Textanhang

5.1 Rezensionen zu *Der Hofmeister* (Auswahl)

[Anon.:] Der Hofmeister, oder Vortheile der Privaterziehung, [. . .], in: Frankfurter gelehrte Anzeigen Nr. LIX, 26. Juli 1774, S. 489–493.

Dank sey dem Manne, der Muth hat, zu zerbrechen, was Geist und Herz bindet, und uns dafür giebt, was so selten ist – Menschen und wahres Gefühl! Dank ihm, daß er sich nicht schrecken läßt, wenn der Strom seines Genies überströmt, wegreißt' die mit dürrem trocknen Sand bedeckten Länder, die mit kurzbeschnittnem Taxis umgebnen Gänge, die Bosquets, wodurch die Kunst sieht – wenn ihn da in seinem Lauf nicht aufhält, das heisere Schreyen des Eigenthümers über die angerichtete Verwüstung eines Orts, der ihm doch nicht Schatten gab, nicht erquickende Kühlung in Sonnenhitze – Dank ihm da! Er ströme, überströme, verschlinge die Kunst, die da trokken steht, so sehr gedrechselt von Menschen, die sich Künstler dünken und nennen lassen, so sehr entblößt von Natur und ihrem starken Vermögen, daß sie nicht ein einziges mal zu unserm Herzen redet, kein einziges Plätzchen unsres Herzens ausfüllt. Nicht so hier. Schier werden wir endlich einmal wieder Seel und Geist. Denn immer macht uns die lose Speise eckel, und dann greifen wir nach *Shakespeare, Götzen* und wenigen andern, spannen unsern Geist, lassen fühlen unser Herz, und werden erfrischt, wie das Land von fruchtbarem Regen nach langer Dürre. Wie herrlich, wenn ein Mann so in die mannigfaltige Natur greift, sie uns so darstellt, daß wir ihren Vertrauten beym ersten Blick erkennen! Und dann den Menschen in seinem wahren Wesen, in allen seinen Lagen uns so giebt, daß wir innigst mit ihm fühlen und laut sagen: Er ist uns unser Bruder! – Keinen sahen wir aufhören, der den ersten Bogen dieses Druckes voll Menschheit ergriff. Wir wurden nicht jenes Gähnen gewahr, das uns so oft bey französischen und französirenden kalten Deklamationen, bey lauttönenden Sentenzen, zur Zeit des Nichtdenkens aus moralischen Quartanten excerpirt, überfällt. Aber ein Dichter muß auch hinreissen, der frey ist von dem Aengstlichen, dem Gepräge derer, welche schwitzen und arbeiten unter einem harten drückenden Joch, unter einer Sklaverey, die Herz und Brust enge macht, das Gefühl

endlich gar tödtet und die Wurzel des Geistes. Man wird uns den Enthusias-
mus verzeyhen, womit wir dieses Stück ankündigen. Doch was verzeyhen?
Wehe dem, der hierinnen nicht mit uns fühlt! Oder, haben ihm die Regeln
die Empfindungen nach und nach gestohlen, nun dann mag der bleyerne
Masstab Aristotelis und seiner ihn noch mehr erschwerenden Anbeter mit
Zentnerlast auf ihm liegen! Was kümmerts uns an[d]re, die wir der Natur
huldigen? Wir begrüßen den freundlich, der sie uns einmal wieder aufstellt.
Mögen sie immer Bollwerke von Theorien vor ihr Herz postiren; wohl uns,
daß wir frey athmen! – Es ist traurig, einen jungen Menschen unter der
Bürde des *Hofmeisterberufs* seufzen zu sehn. Wenn er seine besten Jahre
für einen meistens geringen Lohn hingeben, wenn er traurend zusehen muß,
wie die Kräfte seines Geistes ertödtet werden, wie Undankbarkeit und Verachtung ihn zu Boden drücken – wer sollte ihn nicht bedauern? Aber noch
betrübter ist es, daß man oft einen Menschen, der weder Kopf noch Erfahrung noch gutes Herz hat, die Sorge seiner Sprößlinge anvertraut, und nicht
eher merkt, daß man sich betrogen, als bis das Unheil am Tage ist. Dann
sind Disteln auf gutem, von der Natur zu nutzbaren Früchten bestimmtem
Boden gewachsen, oder wohl was ärgers. Daß es oft so geht und gehen
wird, daß in beyden Fällen Menschen vom Werth der Welt getödtet werden, ist allzubekannt. Dies sah der Verfasser, und stellte es seinen Mit-
brüdern zum Gemälde dar, worinnen sie sich gewiß erkennen werden –
Menschen- und Weltkenntnis ist durchs ganze Stück verbreitet. Da sieht
man originelle Karaktere, alle mit Wärme geschildert. Gustchen traf uns,
zog uns ganz an sich, wir zollten ihr und dem Vater Thränen. Das liebe
Mädchen mit der sanftschwärmenden melancholischen Seele! Sie hat Romeo
und Julie gelesen. Romane und romanhafte Trauerspiele – wie lange wird
man sie noch eine Schule der Frauenzimmer nennen? Ihr junges Herz nimmt
alle Eindrücke an, in Fritz von Berg sieht sie ihren Romeo, er in ihr seine
Julie, ihre liebenden Seelen schließen in einander. Süß überraschend ist die
Scene, wo beyde sich trennen sollen. Sie knien, schwören sich ewige Treue,
schwärmen von Romeo und Julie und sofort. Ihr Romeo verläst sie, Läufer
schleicht sich in ihr Herz, Gustchen, Liebetraut auf dem Bette, Läufer neben ihr, sie immer träumend, immer ihren Romeo vor Augen, Läufers Hände mit Inbrunst küssen, sagend: O Tod! Tod! – o Romeo, wenn dies deine
Hand wäre! – Aber so verläßt du mich, unedler Romeo! Sieh'st nicht, daß
deine Julie für dich stirbt, von der ganzen Welt, von ihrer ganzen Familie
gehaßt, verachtet, ausgespien – o unedler Romeo! – Das Unglück geschieht
– da sehn wir Gustchen elend, im Jammer, im groben Kittel mit ihrem Kind
und dem alten blinden Weibe, endlich von Reue niedergedruckt, am Teich,
sich hinein stürzen – unsre Arme streckten sich nach ihr aus – Der Major,
der wildzärtliche Mann ist nicht minder gut gebildet. Er scheint uns viel
Aehnlichkeit mit Sir Western zu haben[.] Herzrührend ist es, ihn zu sehn
und zu hören in seiner Angst um Gustchen. Wir können nicht alles anführen. Das Stück ist so voll von neuen Karaktern, treflichen Scenen, hervor-
stechenden Zügen, daß jeder auch ohne Merkstab genießen kann. Die
Studentenscenen sind göttlich. Wir freuten uns im Pätus einen rechtschaffnen

Kerl zu finden, da wir vorher ängstlich für den edelmüthigen Berg besorgt waren, er möchte von ihm betrogen werden. Die originellen Karaktere des Wenzeslaus und Rehaar sind mit durchschauenden Blicken gefaßt, und mit einem Meisterpinsel ausgeführt. Noch ein Wort von Läufer. Wir sehen nicht ab, warum sich der Mensch so ganz ohne Noth und Erwartung kombabisirt. Freylich sagt ihm Wenzeslaus unter andern, wie gut es sey, der Liebe nicht zu pflegen. Auch giebts zwischen ihm und der Lise zu einer guten Scene Anlaß. Aber doch sehen wir den Menschen lieber unverstümmelt, vornehmlich an so wesentlichen Theilen. Das Stück könnte also von einem Theile der Katastrophe *Eunuch* heissen, und vielleicht dachte der Verf. an den Grundsatz, man müste an dem Glied, gestraft werden, womit man gesündigt hat. Wir hören auf und bitten nur noch den unbekannten Herrn Verfasser, uns bald wieder so angenehm zu überraschen. Drum bitten wir auch Hn. D. *Göthe,* von dem wir sehnlich wünschten, eine Komödie zu sehn, da wir schon einigemal Gelegenheit gehabt, seine Stärke im Komischen in kleinen Stückchen zu bewundern – Und dann noch Stücke, wie Götz – O möchten wir nicht vergebens gewünscht haben!

[Anon.:] Der Hofmeister, oder die Vortheile der Privaterziehung, eine Komödie [. . .], in: Der Teutsche Merkur Bd. 7, 1. St., Juli 1774, S. 356–358.

Wenn ein Dichter beydes leistet, die Natur getreu schildert, und sich als einen Meister in der Kunst beweißt, so kann man in der That nicht mehr von ihm fodern. In der Mannigfaltigkeit der Charactere, in ihrer Entwicklung, in der Wahrscheinlichkeit und dem Anschauenden der Gesinnungen hat sich dieser Dichter als ein nicht gemeiner Kenner der Natur bewiesen. Ein Vater, der für blinde Liebe und Unwissenheit in der Erziehungskunst mit Verlust seines Verstandes büssen muß, eine Dame, die Dummheit und Airs genug hat, den Hofmeister als den ersten Domesticken im Hause zu betrachten, ein romantisches Mädchen, das ein Opfer seiner verdorbnen Einbildungskraft wird, ein Schulmeister, der bey aller Pedanterey mehr Weisheit besitzt, als alle übrige Personen des Stücks, eine Wucherin, Frau Blitzer genannt; dis sind die vier Rollen, bey denen man am meisten den Beobachtungsgeist des Verfassers bewundert. Und doch treten ausserdem noch neunzehn Personen auf, die zwar nicht alle handeln, aber doch alle characteristisch reden. Illusion in leidenschaftlichen Gemälden hat er vollkommen in seiner Gewalt. Die Gradation in der Raserey des Vaters, die Scenen S. 21. 42. 57. 58, die Mischung von Liebe und Wuth S. 109, können unter einer grosen Menge ähnlicher Auftritte und Stellen zu Beyspielen dienen. Mit Recht hat er der Natur je zuweilen das aufgeopfert, was man Anstand zu nennen pflegt, und kein billiger Leser wird sich an Ausdrücken, wie S. 8, 35, 38 vorkommen, ärgern. Seine Stärke in der Kunst entdeckt uns die mehr als gemeine Philosophie, die durch und durch eingewürkt ist; die Geschicklichkeit, eine

grosse Menge ausserordentlicher Begebenheiten gut vorzubereiten; die Ausbildung von den Charakteren des Pätus und Fritz von Berg, die den Leser
bey allen ihren Thorheiten und Fehlern mehr an sich ziehen, als fast alle
übrige Personen, (man lese z. E. S. 70, 134, 140); die raffinirte Laune in den
Rollen des Wenzeslaus und Rehaar. – Hätte er doch, ein gleich großer Kenner der Natur und Kunst, beyde auch immer unzertrennlich mit einander
verbunden! Aber so vermißt man zuweilen bey der Natur die Kunst, und
bey der Kunst die Natur. Es mag in der Natur solche maschinenmäßige
Seelen geben, wie der Hofmeister dieses Schauspiels ist. Hier sollen wir
Mitleid mit ihm haben, und dies ist unmöglich, wir müssen ihn verachten.
In der Natur unterbrechen sich die Begebenheiten eben so sehr, als die hier
nur gar zu sehr gehäuften Ereignisse. Aber dadurch wird der getäuschte
Leser oft da verlassen, wo er am begierigsten ward, und keine Person ist so
durchgeführt, daß wir uns befriedigt fühlten. In der Natur giebt es solche
Raisonneurs, wie hier der Geheimerath ist. Doch bey allem Feuer seiner
Reden (S. 36) bleibt er für das Schauspiel ein kalter Vertrauter. Um der
Kunst willen, das heißt, um ein Stück, das einmal nicht Trauerspiel seyn
sollte, nicht tragisch zu enden, ist die Entwicklung unnatürlich übereilt
worden. Aussöhnungen, Verzeihungen, Wiedervereinigungen, Lotterien,
Heyrathen folgen Schlag auf Schlag, so viele Schwierigkeiten allen diesem
entgegenstanden. Am unnatürlichsten und übereiltesten ist des Hofmeisters
Schicksal. Zu viel Kunst endlich in gesuchten Ausdrücken und einige
Anglicomanie sind Lieblingsfehler unsrer Zeiten.

Christian Friedrich Daniel Schubart: Der Hofmeister, oder Vortheile
der Privaterziehung, eine Komödie, in: Deutsche Chronik auf das
Jahr 1774. Hg. v. Ch. F. D. Schubart. Erste Beylage zur deutschen
Chronik. August 1774, S. 4–6 [Repr. Heidelberg 1975].

Ich kann's allen aufgeklärten Deutschen zumuthen, daß sie diese neue ganz
eigenthümliche Schöpfung unsers Shakespears, des unsterblichen Dr. *Göthe,*
schon werden gelesen, empfunden, angestaunt haben. Kann's ihnen auch
zumuthen, daß sie keinen Cicero brauchen, der ihnen die göttliche Natur
dieses deutschen Torso anatomire. Aber dir, Landsmann Schwabe! und dir,
Nachbar Bayer! muß ich dieß Werk vorlegen, mit der Faust drauf schlagen,
und dir sagen: Da schau und lies! Das ist 'mal ein Werk voll deutscher
Krafft und Natur. So must dialogiren, die Situationen anlegen, die Charaktere bearbeiten, wenn du ein ächter Deutscher seyn – wenn du auf die
Nachwelt kommen willst. Sind gleich die drey Einheiten des Aristoteles,
diese Krücken für Lahme, nicht mit französischer Aengstlichkeit beobach-
tet worden, so entschädigt dich davor die ganze Zauberey des Genies, der
volle Strom der Leidenschafft, altdeutsche Krafft und Macht – Das ist
Parenthyrsus, meynst du? So komm doch und lies nur! Wirst bewundern
die gesetzte Vernunfft des *Geheimenraths;* die heroische Laune des *Majors;*

den abgeschmackten Französismus der *Majorinn;* *Gustchens* und *Fritzgens*
liebenswürdige Schwärmerey; die vornehme Unwissenheit und Unmacht
des *Graf Wermuths;* den in Leipzig geschnitzelten Hofmeister *Läuffer;* das
Burschikose der Studenten *Pätus* und *Bollwerk;* die kalte Moral des Hofmeisters von *Seifenblase,* und wie dieser Zögling so ganz der Abdruck von
seinem Lehrer ist. Und was ist mit dem redlichen Pedanten *Wenzeslaus* zu
vergleichen, und mit der ländlichen Unschuld der *Lise?* Nur der *alte Pätus*
ist ein Schurk, den ich auch nach seiner Bekehrung nicht leiden kann. Die
Entwicklung ist etwas rasch und wunderbar. Was soll das liebe Lisgen mit
einem Castraten machen? Und der gute Fritz soll ein Mädchen nehmen, das
schon ein Kind gehabt hat? Wenn sie gerad keine gemeine Metze ist, so
fällt mir doch hier der altdeutsche Edelmann ein:

> Wer 'ne Hur nimmt wissentlich,
> Bleibt ein Hundsfut ewiglich.

Der Major ist gewiß keine Nachahmung von *Sir Western* im *Tom Jones.*
Denn der behält bey all seiner väterlichen Zuneigung gegen seine Tochter
doch immer seinen Ahnenstolz bey. Sollst 'n haben! Must 'n haben! Kranal-
lie! sagt er zu ihrem Unglücke. Aber hör den Major, wenn er sein Gustchen
aus dem Wasser trägt; so kniet er bey ihr nieder, und spricht: Gustel! was
fehlt dir? Hast Wasser eingeschluckt? Bist noch mein Gustel? – Gottlose
Kanaille! Hättst du mir nur ein Wort vorher davon gesagt; ich hätte dem
Lausejungen einen Adelbrief gekauft, da hättet ihr können zusammen krie-
chen. – [. . .]

5.2 Rezensionen zu *Der neue Menoza* (Auswahl)

Christian Friedrich Daniel Schubart: *Der neue Menoza,* [. . .],in:
Deutsche Chronik auf das Jahr 1774. Hg. v. Ch. F. D. Schubart. Dritte
Beylage zur deutschen Chronik. October 1774, S. 42–44 [Repr.
Heidelberg 1975].

Der Geyer kann nicht so begierig auf seinen Raub niederstürzen, als ich auf
diese Komödie von *Lenz,* einem meiner Lieblinge, hinstürzte. Aber dießmal
hat mir's übel behagt, hab schier 'sErbrechen bekommen. Großer Gott! dacht'
ich, nachdem ich's zweymal hintereinander gelesen hatte, wie gehen die
Leute mit ihrem Genie um! Um Originale zu werden, werden sie albern.
Nichts kann einfältiger, nichts kindischer seyn, als die ganze Erfindung
dieser Komödie. – Bist auch ein solcher Hasenfuß, wie der Baccalaureus
Zierau? Kömmst daher getreten auf den Krücken der drey Einheiten? Kannst
die Posse nicht leiden, die den Mann, von Geschäften ermüdet, nicht zum
Lächeln, sondern zur lauten *Lache* bringt? – Nichts weniger als das. Aber
wenn eines der feurigsten Genie's, von dem ich nicht weniger, als einen
deutschen *Aristophanes* und *Plautus* erwartete, etwas so kindisches herunter-
haspelt, wogegen der *vierzigjährige A B C Schütz* und die hochgerühmte
Tragödia von Dr. *Faust,* noch Meisterstücke sind; so möcht' ich vor Unwil-
len bersten: denn unwilliger werd' ich niemals, als wenn mich ein Mann
täuscht, von dem ich was Großes erwartete. – Ich habe seinen *Hofmeister*
mit Entzücken gelesen, und les' ihn, seiner Fehler ungeachtet, noch immer
mit Wonne. Aber den *Menoza?* Da schreib' ich mir die Urtheile des Prinzen
Tandi über die Europäer, die zarte Beschreibung von seiner Liebe zur
Wilhelmine, und einige originelle Wendungen des Dialogs, heraus, und werfe
das übrige ins Feuer. *Lavater* sagt von *Lenz,* daß er vor Genie verspritze; im
Menoza spritzt er auch wirklich so gewaltig um sich, daß sich ihm niemand
nähern kann, ohne die Kleider zu verderben. In einem Marionettenspiele
müßt's doch endlich lieblich anzusehen seyn, wenn Graf *Camäleon* von
seiner Maitresse erwürgt daläge, und man seinen Bedienten *Gustav* aufge-
henkt in Hintergrund erblickte. – Schweig, Kritika! eh der dicke Bürgermeister kömmt, und dich durchprügelt.
    So hat mich auch das *moralisch-politische Puppenspiel* von *Göthe* geär-
gert. [. . .] Gott behüt' uns vor Nachahmungen vom *Menoza* und diesem
Puppenspiele!

Matthias Claudius, *Der neue Menoza*, [. . .], in: Der Deutsche, sonst Wandsbecker Bothe, 14. October 1774 [Repr.: Der Wandsbecker Bothe 4 (1774), redigiert v. Matthias Claudius. Neu hg. v. Karl Heinrich Rengstorf u. Hans-Albrecht Koch. Hildesheim / New York 1978].

Gehört wieder zu den treflichen Comödien, davon seit einigen Jahren dann und wann eine erschienen ist, den guten Leser für das Hertzeleid bey Lesung der übrigen reichlich zu trösten. Die Geschichte ist kurz die: der Prinz Tandi aus Cumba kommt nach Naumburg zum Herrn von Biederling, verliebt sich in Wilhelmine von Biederling; rettet sie im Garten in einer Mondnacht aus der Hand eines Grafen Camäleon, der ein Kuppler war und von einer Spanischen Gräfin, Donna Diana, die er auch verführt und betrogen hatte, auf seiner Masquerade erstochen wird; heyrathet sie auch und liebt sie unaussprechlich; reißt sich aber als ihm gesagt ward daß sie seine Schwester sey, aus ihren Umarmungen weg, sein Leben zu verweinen, und will sich durch das Ansehen eines ganzen Consistorii nicht bewegen lassen sie wieder zu sehen; erfährt endlich gewiß, daß er zwar der Sohn des von Biederling, Wilhelmine aber nicht die Tochter sey – und um sie beyde, und um Leser und Zuschauer wirds Elysium. Schließlich instruirt der Burgermeister Zierau in Naumburg seinen Sohn den Baccalaureus Zierau über die *schöne Natur*.

Mehr Verwickelung und unerwartete Auflösung findet man nicht in vielen Comödien beysammen, und mehr Natur und ächte Empfindung auch nicht. Des Bedienten Gustavs Ende ist besonders kurz und gut. Man wird der Comödie vorwerfen, daß der Prinz aus Cumba *weiser* und besser sey, als die Baccalaurei und Profeßors in Europa. Er ists nun aber.

Christoph Martin Wieland: *Der neue Menoza*, [. . .], in: Der Teutsche Merkur vom Jahr 1774. Achter Band, S. 241.

Unsre Dramenschreiber haben das Romantische schon zu sehr in unsre Schauspiele gebracht, als daß wir nöthig hätten, unsre Lustspiele so unwahrscheinlich zu machen, als wir das Trauerspiel wahrscheinlich zu machen suchen. Was Schakespearn auch in seinen Komödien aus den Novellen anklebt, sollte nicht nachgeahmt werden, wie es hier geschehen ist. Der Verfasser hat seine Abentheuer ganz selbst erfunden, aber solche Erfindungen sind nicht so rühmlich, als ehedem. In Ansehung der Ausführung sollte es lieber *Mischspiel* als Komödie heißen. Raserey, und Enthusiasmus sind häufiger und lebhafter ausgedruckt, als komische Charaktere. So sehr auch der Verfasser in der Person des Bürgermeisters aller Kritik und aller Regeln spottet, so müste ich doch einige Erinnerungen über die Gattung vorausschicken, zu der er sein Product rechnet – Ich glaube seinen Lesern den

besten Rath zu geben, wenn ich sie bitte, nur eine Scene auf einmal, und nie
das Ganze zu lesen. Für einige bizarre und unnatürliche werden sie dann
desto mehrere finden, wobey ihr Verstand, ihr Herz, und ihr Zwerchfell den
heilsamen Anstoß erhalten, der zu neuen Bemerkungen in der moralischen
Welt, zu grösserer Empfindsamkeit, und zu besserer Laune geneigt macht.

Recension des *neuen Menoza*, von dem Verfasser selbst aufgesetzt, in: Frankfurter gelehrte Anzeigen Nr. 55/56, 11. Juli 1775, S. 459–466.

Es ist eine mißliche Sache von sich selber zu reden, wenns aber nicht anders seyn kann, und man sich durch Stillschweigen bei Welt und Nachwelt
von dem Verdacht der Unmündigkeit nicht lossagen könte, so wird man
freilich in die traurige Nothwendigkeit versetzt, mit den andern Gukuken
mit anzustimmen. Ich nenne einen Menschen unmündig, der von seinen
Handlungen nicht Rechenschaft zu geben im Stande ist, und da andre mit
ihrem Selbst zu sehr beschäftigt sind, mir diesen doch nicht unverdienten
Dienst zu erweisen: so muß ich freilich selber hinter dem Vorhang hervorgehn, und meinem deutschen Vaterlande darthun, daß ich mit andern unbe-
rufnen Schmierern ihm wenigstens nicht beschwerlich worden bin. Alles
fodert mich dazu auf, die gänzliche Vernachläßigung, und darf ichs sagen
stillschweigende Gleichgültigkeit oder vielmehr Mißbilligung derer, die ich
als den edlern Theil desselben, vorzüglich verehre, auf der einen; der Miß-
verstand, das falsche schielende Lob, der ungegründete Tadel gewöhnli-
cher Kunstrichter auf der andern Seite. Ich habe einen Freund, der sich
Ruhm genug im Vaterlande erworben hatte, um zu meinem ersten Stücke
seinen Namen herzugeben, und es so vor den niederschlagenden Beleidi-
gungen und Anschielungen nirgends autorisirter Richter sicher zu stellen,
ohne daß ich nöthig gehabt durch Kabalen und Kunstgriffe, deren diese
Herren gewohnt sind, ihre Gunst zu suchen. Ich bin der Ehre meines Freundes diese öffentliche Vertheidigung meiner selbst schuldig: Er ist es, der
meine Stücke, die ich ihm zu einer unschuldigen Ergötzung in der Handschrift zugeschickt, ohne mein Wissen und Zuthun der Welt mitgetheilt:
damit man nun nicht etwa glaube, ich habe hinter seinem Namen Schutz
gesucht, und ihn aus seiner Gesellschaft nachtheilig beurtheile, will ich
hiemit jedermann sagen, was ich von meinem Stück selber halte. Vorzüglich aber seh ich mich gedrungen neuauftretende Dramenschreiber in den
Standpunkt zu stellen, aus dem sie meine bisherigen Arbeiten fürs Theater
anzusehn haben, damit sie nicht etwa glauben, ich habe mich von den Ein-
flüssen eines glücklichen oder unglücklichen Ohngefehrs blindlings regie-
ren lassen, nieder zu schreiben was mir in die Feder kam. Ich habe etwa
durch ihnen unbekannte Mittel, das Geheimnis gefunden, mir die Freundschaft eines oder des andern berühmten Mannes, und mittelst derselben
Ruhm und Ansehn beim Publikum zu erwerben, (worüber ich mich zur Zeit
noch nicht beschweren kann) und sey dieses der Weg, auf dem sie mir

nachzugehn hätten. Ich verachte diesen Weg und hier ist es der Ort, wo ichs einmal öffentlich sagen muß.

Mich wunderte der Kaltsinn im geringsten nicht, mit welchem das Publikum meinen Menoza aufgenommen: jedermann sieht leicht ein, daß ich mir nichts gelinderes von demselben gewärtigen konnte. Ein Prinz, der ohne den geringsten Antheil, mit dem kalten Auge eines Beobachters, aber eines Beobachters, dem darum zu thun war, Wahrheit, Größe und Güte zu finden, von allen marktschreyerischen Nachrichten, die ihm *Jesuiten* und *Mißionarien* gaben, auf die höchste Erwartung gespannt, queer durch mein Vaterland reist und darinnen nun nicht viel findt, wenigstens das nicht findt, was er suchte, konnt in demselbigen sein Glück nicht machen. Es konnte an ihm gelegen haben, daß er die Vorzüge desselben nicht so aufempfand, aber niemand hat sich doch noch die Mühe gegeben, ihm dieses anschaulicher zu beweisen als der Herr v. Biederling. Vielleicht hat ihn niemand der Mühe werth gehalten, indessen behält doch immer sein persönlicher Karakter, der ganze Entwurf und Entzweck seiner Reise mit dem unüberwindlichen und aushaltenden Entgegenstreben gegen alle Fährlichkeiten, Leiden, Verkennungen und Mißdeutungen, Anzügliches und Hochachtungswürdiges genug, um von denen, die sich von der Spreu in Koth getretner Menschen unterscheiden wollen, nachgeahmt zu werden. Ein Mensch, der alles, was ihm vorkomt, ohne Absichten schätzt, und in dem Maas als seine nicht versäumten Kenntnisse und Talente zureichen, ist, wenn er andern Leuten seine Urtheile nicht aufdringen will, wie unsre Journalisten, immer ein hochachtungswürdiger, in unserm eigennützigen Jahrhundert, der einzige hochachtungswürdige Mensch.

Von der Seite hätt' ich also wieder die Kunst nicht verstossen, das Publikum für meine Hauptperson einzunehmen, sobald das Publikum sich nur Zeit nimmt, oder ihm Zeit gelassen wird darüber nachzudenken. Aber da stehn freilich viel andre Sachen im Wege. Ich habe gegen diesen Menschen, gewöhnliche Menschen meines Jahrhunderts abstechen lassen, aber immer mit dem mir einmal unumstößl. angenommnen Grundgesetz für theatralische Darstellung, zu dem Gewöhnlichen, ich möcht' es die treffende Aehnlichkeit heissen, eine Verstärkung, eine Erhöhung hinzuzuthun, die uns die Alltagskaraktere im gemeinen Leben auf dem Theater anzüglich interessant machen kann. Ich kann also dafür nicht, wenn Donna Diana gewissen Herren zu rasen scheint, die die menschliche Natur nur immer im Schnürleib des Etikette zu sehen gewohnt sind, und daß es solche Empfindungen gebe, können die, die in ähnlichen Umständen gewesen sind, doch nicht in Abrede seyn.

Ich kann dafür nicht, wenn andre im Grafen Kamäleons einen unnatürlichen Bösewicht zu finden glauben, da wir doch Dichtungen dieser Art in der neusten Geschichte unsrer Tage überall, leider sowol in südlichen als nördlichen Ländern, durch die Erfahrung häufig bestättigt finden. Glaubt man etwa, ich habe aus der Luft gegriffen, was bei mir halbe Authenticität *eines Geschichtschreibers* ist? Ich habe nur den Grafen Kamäleons erträgliche Farben geben wollen, um unser Auge nicht zu beleidigen. Das ist es, was ich schöne Natur nenne, nicht Verzuckungen in willkührliche Träume, die nur der schön findet, der wachend glücklich zu seyn, verzweifeln muß. So habe ich überall gemahlt. Ich hoffe, die häufigen Zieraus unsers Vaterlands, werdens sich für eine Ehre halten, so dargestellt zu seyn, soviel Beobachtungsgeist mit ihrem gewöhnlichen litterarischen Geschwätz zu verbinden. Sähen die Herren es lieber, daß man ihre Blösen empfindlicher aufdeckte, so hängt Popens Geissel noch ungebraucht an der Wand: Wer weis, wer sie einmal über Deutschland schwingt.

Beza ist der weysenhäuserische Freudenhässer, blos weil es Freude ist, und er keinen schon in diesem Jammerthal glücklichen Menschen leiden kan. Ich habe ihm den Anstrich von der orientalischen Modelitteratur gegeben, um ihn interessant zu machen. In der That lassen sich die beiden Extreme sehr wohl vereinigen, obschon ich in einer neuen Auflage des Menoza, die mir aber meine Freunde widerrathen, aus den scheinbaren Widersprüchen dieses Karakters, zwei neue für sich bestehende Karaktere, zu schaffen willens war. Denn sobald der Gesichtspunkt des Theologen untheologisch ist, sind alle seine Aussichten verschoben, mag er nun von sanguinischen oder melancholischen oder hypokondrischem Temperament seyn.

Herr Wieland irret sich, wenn er glaubt, daß ich in keiner andern Maske auftreten könne, um unsre heutige theatralische Kunst lächerlich zu machen, als der des Bürgermeister in Naumburg. So wie er sich irrt, wenn er Rothwelsch für meine Muttersprache hält. Und ich hoffe, wenn er sich die Mühe nähme dieses Rothwelsch (ich meyne die A. ü. d. Th.) von Anfang bis zu Ende *durchzulesen*, er würde finden, daß er sich auch darinn geirrt, daß ich ihn ausgeschrieben. Das ist überhaupt der Fehler eben nicht, den man mir vorzuwerfen haben wird, wenigstens sagt mir mein Gewissen nichts davon.

Das zu Romantische, das mehr als Englische und Spanische dieses Stücks, ist mir, ich muß es sagen, noch halb ein Rätzel, und wenn der Vorwurf gegründet wäre, eine der ersten Erfordernisse des Gegenstandes. In einem Stück, wo der Hauptheld höchst romantisch ist, muß alles Uebrige mit ihm nicht zu sehr absetzen, oder die ganze Harmonie schreyt. Wir finden sogar in dem natürlichen Lauf der Dinge eine gewisse Uebereinstimmung, einen Zusammenstoß seltsamer und ausserorderlicher Begebenheiten, das auch das Sprichwort veranlaßt hat, kein Unglück kommt je allein. Bei einer Familie, die so aus ihrem Schwunge gebracht war, wie die Biederlingsche, waren ungewöhnliche Schicksale der Kinder, auch eben nichts uebernatürliches noch unbegreifliches. Vertauschungen sind ja auch auf der Bühne nichts fremdes, Giftmischereyen nichts unerhörtes. Deutlicher hätt ich in der Erzählung der Umstände seyn können, die den Grafen dahin gebracht, durch Gustav den Vater seiner Donna, in Madrid, mit einem sogenannten Successionspulver vergiften zu lassen, um desto bequemer mit ihr und seinem ganzen Vermögen entfliehn zu können, wenn ich nicht überhaupt alle Erzählungen auf dem Theater haßte. Indessen ist das in der That ein Fehler, den ich mir anrechne und der der Katastrophe im vierten Akt vielmehr Licht und Wahrheit würde gegeben haben. Ich möchte immer gern der geschwungnen Phantasey des Zuschauers auch was zu thun und zu vermuthen übrig lassen, und ihm nicht alles erst vorkäuen. Gustav, das Werkzeug der Frevel seines Herrn, bestraft ihn dadurch, daß er sich im Augenblick der höchsten Reue selbst bestraft. Wiewol diese Entwickelung ist zu ernsthaft für eine Komödie, ich will mich also darüber erklären.

Ich nenne durchaus Komödie nicht eine Vorstellung die blos Lachen erregt, sondern eine Vorstellung die für jedermann ist. Tragödie ist nur für den ernsthaftern Theil des Publikums, der Helden der Vorzeit in ihrem Licht anzusehn und ihren Werth auszumessen im Stande ist. So waren die griechischen Tragödien Verewigung merkwürdiger Personen ihres Vaterlandes in auszeichnenden Handlungen oder Schicksalen; so waren die Tragödien Schackespears, wahre Darstellungen aus den Geschichten älterer und neuerer Nationen. Die Komödien jener aber waren für das Volk, und der Unterscheid von Lachen und Weinen war nur eine Erfindung späterer Kunstrichter, die nicht einsahen, warum der gröbere Theil des Volks geneigter zum Lachen als zum Weinen seyn, und je näher es dem Stande der Wildheit oder dem Hervorgehn aus demselbigen, destomehr sich seine Komödien dem Komischen nähern musten. Daher der Unterschied unter der alten und neuen Komödie, daher die Nothwendigkeit der französischen weinerlichen Dramen, die alle Spöttereyen nicht hinwegräsonniren können, und die nur mit totalem Verderbnis der Sitten der Nation ganz fallen werden. Komödie ist Gemählde der menschlichen Gesellschaft, und wenn die ernsthaft wird, kann das Gemählde nicht lachend werden. Daher schrieb Plautus komischer als Terenz, und Moliere komischer als Destouches und Beaumarchais. Daher müssen unsere deutschen Komödienschreiber komisch und tragisch zugleich schreiben, weil das Volk, für das sie schreiben, oder doch wenigstens schreiben sollten, ein solcher Mischmasch von Kultur und Rohigkeit, Sittigkeit und Wildheit ist. So erschaft der komische Dichter dem Tragischen sein Publikum. Ich habe genug geredt für die, die mich verstehen wollen, und verstehen können. Ich spreche hier keinem einzigen Künstler was ab, sondern will blos die Grundsätze meiner Kunst, die ich mir von den berümtesten alten Künstlern abgezogen, und lange mit ganz warmer theilnehmender Seele durchdacht habe, dem Publikum vorlegen. Wer bedenkt, was das Theater für Einflüsse auf eine Nation haben kan, wird sich mit mir für eine Sache intereßiren, die in Theaterzeitungen und Almanachen gewiß nicht ausgemacht werden wird. Ich habe nie ans Publikum etwas gefodert, ich weis auch nicht, ob einige meiner Stücke, die hie und da bei meinen Freunden in Handschriften liegen, Verleger finden werden. Mögen meine Freunde damit machen was sie wollen, nur begegne man mir, der nie Vortheile bei seinen Autorschaften gesucht, noch erhalten hat, sondern ewig das güldne *angustam amici pauperiem pati* studieren wird, nicht als einem Menschen, den man um's Brod beneidet.

[Johann Georg Schlosser:] Prinz Tandi an den Verfasser des neuen
Menoza. Naumburg 1775.

Und auch du, edler Jüngling, legst so viel Werth auf das Lob und den Tadel
der deutschen Journale, daß du dich dagegen vertheidigest? – Du? – Und in
einem Journale? – Fühlst du so wenig den Werth des stillen Beyfalls guter
Menschen, daß du für deine Arbeiten nicht belohnt zu seyn glaubest, wenn
dir nicht der Beyfall der Monatschriften zurasselt? In einer unachtsamen
Minute hast du dich überraschen lassen! Du würdest dich sonst nie verthei-
diget, nie zu deiner Vertheidigung ein Journal gewählt haben.
    Wer hat Recht deinen Menoza zu beurtheilen, als ich, und Leute, die
denken und fühlen, wie ich? Und wie konntest du hoffen, daß ich auf dem
Theater mehr allgemeinen Beyfall finden sollte, als ich auf der entarteten
europäischen Welt gefunden habe? Schon lange hab' ich mich in meine
kleine Familie eingeschlossen? Mit dieser les' ich. Der Beyfall und das
Wohlwollen derselben ist mein einziger Lohn, mein einziger Zweck, mein
einziges Glück. Sollt' ich hadern mit der Welt, daß sie mich nicht liebt, da
ich mich nicht nach ihr stimmen mag? Willst auch du dich nicht nach den
armen Kunstrichtern deiner Zeit stimmen, warum verlangst du, daß sie ihr
Urtheil nach dir stimmen sollen?
    Sey gerecht, ich darfs sagen, wie ich! Ich habe die Sitten der Großen
unerträglich gefunden, und sie gemieden; Ich habe meine Zeitgenossen
unmännlich, klein, übertüncht, groß in Sittensprüchen und unendlich klein
in Handlungen gefunden, ich maßte mich des Menschenrechts an, und lebte
für mich und die Meinen. Andern meine Sitten und Meinungen aufzuzwin-
gen, schien mir ungerecht. Hast du in der Republick der Autorn größers
Recht! Verlangst du von ihnen, daß du ihnen gefallen sollst, *wie du schreibst*,
so können sie von dir verlangen, daß du schreiben sollst *wie's ihnen gefällt*.
    [. . .]
    Dein *Menoza* wäre gleichgültig aufgenommen worden? bist du so ganz
entfernt von guten Leuten, daß du nie in eine Hütte gekommen bist, wo der
Vater wünschte ein *Biederling* zu seyn; wo das unschuldige Mädchen mit
meiner *Mine* weinte; wo der warme Jüngling seine Hand nach meiner aus-
streckte, und sich einen warmen ehrlichen Freund wünschte, wie mich?
Bist du nie? – – So komm zu uns! Siehe, wie wir bey unsern Familienfesten
am Abend beysammen sitzen, deinen *Menoza* in der Hand, unsre Seele zu
dem ersten Gefühl unsrer jugendlichen ersten Freuden wieder zurück-
stimmen! Wie mein alter Vater mich in seiner ehrlichen Freude umarmet,
wann wir wo auf eine Stelle treffen, wo du so innig seine Seele mahlest, als
wann du sein Sohn wärst; wie meine *Mine* durch jede Scene der Liebe, der
Angst, der Freude durchwandelt; dann sich an meinen Busen wirft, und wir
das Buch fallen lassen, und in den stummen Entzückungen fortschwärmen,
wozu du die Stimmung aus unsern Herzen selbst gefaßt hast! Ach *Lenz*!
Wann mein zwölfjähriges Mädchen an uns hängt, und die Scene liest, wo
ich meine *Mine* aus des Grafen Händen rettete, wie schmiegt sie sich dann
an ihrer Mutter Brust! Wie glüht ihr Auge, wann sie liest, wie mein treues

Weib mir in ihrer warmen liebenden Unschuld zum erstenmal sagte: Ich
liebe Sie! – – Nein, wir können dann nicht weiter lesen! – – Ach Lieber!
Wann du so eine Scene sähst, was würde dir dagegen der Beyfall von allen
Journalen des lächerlichen Europa seyn!

Ja! lächerlich ists gewiß! Ueberall lächerlich, aber da, wo es von Kunst,
von Gefühl, von dem Uebergang ins Herz urtheilt, am lächerlichsten! Tausend Thore sind, wodurch die Natur in unsere Herzen eindringt. Die Schul-
weisen kennen nur eins, und haben alle andere verrammelt, und in sich und
ihren Schülern auf ewig verschlossen. – Auch das eine kennen wenige recht.
[. . .]
Um diese Zeit ward ich krank. – – [. . .]

Da sah ich, was ich in der Krankheit nicht sah; daß die Regelmacher alle
nur an der Hülle gehangen, und den Geist nicht gekannt hatten, der sie
belebte. Sah mehr. Sah, daß der Geist, wo er ist, sich Hülle nehmen kan,
und nie von dem verkannt wird, dem er hörbar ist. Sah, daß hundert gegen
einen nur die Hülle kennen, nur die Hülle lieben. Aber die Hülle ist todt,
und sie glauben sie nur zu lieben, weil man ihnen gesagt hat, sie ist schön.
Der Geist, der in ihr webt, spricht ihnen nie.

Sieh, *Lenz*! das ist Europens Aestetik. Ich Blinder, daß ich nie an die
Sänger meines Vaters dachte! Er hatte gedingte Sänger, und hatte wahre.
Diese sangen nicht, wann mein Vater wollte, sondern wann sie wollten. Ich
hing an ihrem Munde, als wärens Boten Gottes. Hörten die gedingten Sänger ein Lied von jenen, so ahmten sies nach. Tausend Melodien hatten meine Freunde, immer anders; immer ahmtens die andern nach, und die konnte
ich nicht hören. So giebt es denn tausend Formen, und nur ein Geist, der sie
belebt – Eine Regel, und die ist: Fühle, was du fühlen machen wilst. – Und
die Regel lehrt keine Aesthetick. Das ist der Stempel des Dichter-Genies.
Du hast ihn, *Lenz*! begnüge dich mit dem.

Es muß dir jemand meine Geschichte erzählt haben. Dein warmes Herz
gieng jede Scene durch; fühlte jede, und zum Erstaunen ists, wie du jede
unserer Empfindungen in jeder Scene getroffen hast.
[. . .]
Auch ist meine *Mine* das sanfte Liebevolle Weib, das dir erschienen ist.
O die Nacht! War da dein Geist unsichtbar bey uns? Deine Seele hat gear-
beitet zu sagen was du uns nach gefühlt hast. Wo ist aber da Sprache zu?
Sieh, *Lenz*! wann Gott dich einmal auf der Welt beglücken will, so laß er
dich so eine Nacht erleben. [. . .] O *Lenz*! Ich vergeb dir, daß du's nicht
ausdrücken konntest! Ich, der ichs fühlte, ich gieß meine ganze Seele hin,
und alles ist nur Schattenbild. – [. . .] Liebster *Lenz*! bist du allgegenwärtig
gewesen?

Mich, junger Mann, hast du am wenigsten getroffen. Du hast nur *eine
Seite* an mir gesehen, nur den Philosophen, welcher geht, Menschen zu
suchen; der mit vesten gefühlten Grundsätzen grader Vernunft, alles nach
ihnen abwiegt, und haßt, was ihnen entgegen ist; verabscheuet, was gefühl-
loser Weisheitsstolz für Larven auf die Menschen hängt, und mit Verachtung vorübergeht, wo nur Wahn und keine Wahrheit ist. Ja, *Lenz*! das bin

ich. Aber sie stürmen in mir die Leidenschaften. Ich suche Wahrheit, nicht
um sie zu wissen, sondern mit Leidenschaft mich hinein zu stürzen, und in
ihr zu leben, wie in meinem Element. Aber ich liebe und hasse mit gleicher
Leidenschaft. Ich habe mich nie begnügt, den Grafen zu beschimpfen.
Elende Rache der wahnsüchtigen Europäer, die ihre Ehre und Schande auf
Einbildung, auf blosse conventionelle Begriffe bauen! Was wars, den
Grafen mit einem Steckchen zu strafen? Sollt ich hingehen und pralen, wie
ein Junge, daß ich ihn gezüchtigt? Und wird er seine Schande verrathen? –
–Was ist Ehre und Schande, wovon niemand weiß? Nein! Mit Füssen hab'
ich ihn getretten. Warm, glühend, rasend – von Entzückung des Himmels,
sie zu finden, zu haben, den Engel, und sie nun sehn flattern, kämpfen in
der Hand des Verräthers. Nichts hab ich mit ihm gesprochen. Sobald meine
Mine sicher war, warf ich mich auf ihn wie ein Löwe, und da wär er unter
meinen Händen gestorben, wenn mein Vater ihn nicht unter mir weg-
gerissen hätte. Kaltblütige Europäer! [. . .] Auch ist die Morgen Scene ganz
unwahr, die du mich mit Minna halten läßt, ehe Zopf ankam. Die hat
Nachahmungsgeist des *Shakespears,* kein Dichtergeist dir eingegeben.
Wehe dem, der nach der Brautnacht, die heilige Sittsamkeit des reinen
Weibs beleidigen kann! – Wir haben die Scen' aus dem Buch geschnitten.
[. . .] Ach ganz anders war die Scene, da *Zopf* unsre Seeligkeit so unerwar-
tet in tiefstes Elend wandelte. Meine *Mine* saß auf dem Kanapee: Ihre
schöne Stirn in ihrer Hand, und sanfte Thränen der besiegten Unschuld
floßen von ihrem Auge. Ich lag vor ihr auf den Knien. Ihre andere Hand in
meiner, die ihre warme Thränen auffing. – Und kein Blick *Mine,* rief ich,
und immer Thränen, wo himmlische Freude um mich tanzt! Sie sah herab,
und lächelte unter Thränen. – Siehe, liebste *Mine,* rief ich, mein Herz
knirschet zu denken, daß dichs reut. Sie antwortete nur mit einem Druck
der Hand. Ach! fuhr ich fort, wie freut ich mich auf den Morgen, wo ich
dein holdes Aug wieder in Liebe und Freude schwimmen zu sehen hofte!
Mich dünckt, wir wären nur allein in der Welt; So schließ ich alles ein in
dich. Ich fühle, daß ich niemand brauche zu meinem Glück als dich! fühle,
daß ich doppelt lebe, daß die Welt die mir zu enge war, sich erweitert; mein
Herz, daß [!] immer um sich griff und nichts fand, nun ganz, ganz erfüllt ist.
– Ist dirs nicht auch so? – Ach! – sagte sie, halb lächelnd, halb seufzend. –
Ich hing stumm an ihrem Blick, und sie konnte den ihrigen nicht abwenden;
Die Thränen floßen nicht mehr. Das Gesicht, das mir gesagt hatte: Ich liebe
dich, erschien mir wieder. Ich sprang auf in Entzückung, nahm sie in
meinen Arm, und setzte sie auf meinem Schoos. Dann sprachen wir von der
Zukunft, wie wir die sieben Jahre bey ihrem redlichen Vater durchleben,
wie wir dann in mein Vaterland zurück kehren, und dort das Reich der
Wahrheit und der Liebe errichten wollten. Mitten in diesen Träumen störte
uns *Zopf.* – Ach *Lenz!* vertilge die Scene, die du ganz verzeichnet hast.

    Diana hab ich nicht gekannt, nie gesehn. [. . .] Gott! welch ein Contrast
zwischen ihrer und des Grafen Liebe, und meiner. Ihr, *Lenz!* durftest du
solche Scenen *andichten!* Das wollüstige Weib schwimmt im Gedanken
berauschter Liebe. Sie wartet nicht, biß sie haucht die himmlische Gluth;

Sie liebt sie mit unreinem Athem anzublasen, und kennt keine Liebe als im Genuß. Nicht ergiebt sie sich ihr; sie stürzt sich hinein, und verabscheute Engelsliebe ohne Menschengenuß. –

Ist sie so, so hast du sie gemahlt, wie du sollst. Und hast du das, so sorg nicht, was die kalten Aestheticker sagen! Laß sie bey ihren Regeln! Hast du selbst durch gefühlt, was du schreibst, so fürchte nicht, daß dein Leser, wann er ein Herz hat, sich an Maaß der Zeit und Lage des Orts halten werde. Die Täuschung wird bleiben, wird ihn von Ort zu Ort, von Zeit zu Zeit mitreißen. Er wird über Wochen, über Jahre hinaussehen. [. . .] Auch achte nicht auf den Vorwurf der Unwahrscheinlichkeit in der Entwicklung meiner Geschichte. Was kanst du dafür, daß mein Schicksaal mehr wahr als wahrscheinlich ist? Wann nur die Menschen wahr handeln und reden, und uns hinreißen, so laßt uns ja durch das außerordentliche der Geschichte nicht geärgert werden! [. . .] Ach! wer mit meiner *Mine* und mir geliebt und gelitten hat, sollte der nicht wünschen, nicht hoffen, daß ein Engel vom Himmel komme, und das Unmögliche möglich machte!

[. . .] Es sey dem aber wie ihm wolle, *Lenz,* so werden wir deinen *Menoza* unsern Kindern und Kindeskindern hinterlassen; und wer liebt wie wir, fühlet wie wir, dem wird er, den Kritikern zum Trotz, nie gleichgültig seyn. – Nimm wenigstens meinen Dank in dieser Umarmung, und wehe dir, wenn er dir weniger ist als Zeitungs-Lob!

Naumburg, im August
1775. *Prinz Tandi.*

[Anon.:] [Rez. von Schlossers Schrift:]Prinz Tandi, an den Verfasser des neuen Menoza, in: Frankfurter gelehrte Anzeigen Nr. LXXII, 8. September 1775, S. 595–597.

[. . .]

Eine große Wahrheit, die sich nicht allein Hr. *Lenz,* sondern auch alle die guten Menschen merken mögen, denen es einfällt um etwas besser zu seyn, und zu handeln, als ihre Zeitgenossen. Der laute Beifall verfolgt nur die Maske, Karrikatur und Manier selbst des würdigsten Menschen, und der Geist, der die That oder Schrift hervorbrachte, bleibt dem gemeinen Auge immer verhüllt. Hat sich also Hr. Lenz, wie er hier beschuldigt wird, über den Mangel an Beifall beklagt, so hat er vollkommen unrecht, und der Recens., der von dem Fakto zwar nicht das geringste weis, ist hierinn mit dem Voto Sr. Kumbanischen Hoh. vollkommen konform.

Ueberhaupt werden in dem ganzen Briefe dreuste Wahrheiten gepredigt. Dahin gehört die Geschichte von der Lektür des Prinzen. So lange er gesund war, las er alle gute Werke selbst; er ward aber krank, und las in diesem Raum zwischen Seyn und Nichtseyn alle Theoretiker von Marmontel – bis sogar auf Meier. – Verstümmelung unsers Wesens gehört allerdings dazu, um zu der großen Toleranz zu gelangen, die uns das ruhige Gehör für die flache Weisheit dieser Hrn. Teleologen eingiebt. Wenn der Schuß gefallen ist, und das Ziel erreicht hat, so ist es erbaulich die Möglichkeit zu wissen, wie und warum er habe fallen können.

Endlich paßiren die Schönheiten und Flecken des neuen Menoza die Revüe bei dem Verfasser. Wie Hr. Lenz mit dem brüderlichen zuversichtlichen Tone zufrieden seyn wird? ,,Hier hast du mich verkannt! diese Scene war nicht in der Natur" u.s.w. Mit dem Urtheil von dem, was in der Natur oder nicht in der Natur war, ist es nun einmal eine kützlichte Sache, und der *Medius terminus,* der das Minosurtheil hervorbrachte, ist immer das gefärbte Glas, wodurch ein jeder sieht. – Die würkliche Natur in ihrer ganzen Invidualität [!] ist wol selten dramatisch, und um sie anschaulich zu machen, wie vieles muß der Künstler dazu lügen, und verkleistern. Selbst bei dem Verfasser des Götz v. Berlichingen muß sie *Manier* werden, *sobald er nicht nur sieht, sondern andre will sehen machen.* Die Scene auf dem Kanapee nach der Brautnacht hat der Verf. aus seinem Exemplar ausgeschnitten, weil sie nicht in seinen moralischen Katechismus paßt. Indessen hat sie andern Leuten sehr wohl gefallen, die sie als ein braves und herzhaftes Croquis bewundert haben.

Noch einen stummen aber sehnlichen Wunsch erlaube man dem Rec. dieser fliegenden Blätter: daß doch einmal die lauten Vorleser des Publikums, nicht vor jeder glücklichen Erscheinung in dem so weiten Reiche der Wissenschaften, wie bei einem herabgefallenen Götterbilde niederknien, nicht jeden Menschen auf seinem geraden Wege durch ihr lautes Trompetenschnarren aufschrecken, – das Bildchen auch nicht von den bemerkten Fehlern und Flecken öffentlich reinigen, oder es nach ihrem eignen Ebenbilde schnitzeln, sondern es geradehin als die Exkretion eines guten Kopfs betrachten, und sich den Menschen noch zehnmal besser und merkwürdiger als die Exkretion, denken möchten, wie es denn bei allen guten Schriftstellern immer der Fall ist und bleiben wird. Amen!

[Anon.:] *Der neue Menoza,* [. . .], in: Allgemeine deutsche Bibliothek. Des sieben und zwanzigsten Bandes zweytes Stück, 1776, S. 374–377.

Man erkennt in diesem Stücke gar bald den Verfasser des *Hofmeisters;* eben die regellose, abentheuerliche Zusammensetzung, eben die gewaltsame Fortreissung des Lesers von einer Scene zur andern, eben die gewagten Züge der rohen, wilden Natur, die aller Kunst trotzt, und oft durch diesen Trotz selbst unnatürlich und ausschweifend wird; aber auch auf der andern Seite eben die Menschenkenntniß, eben den Zweck, die Herabwürdigung der männlichen Tugend und das Verderbniß unsrer gesellschaftlichen Sitten zu bestrafen, eben die characteristische Wahrheit und das Feuer in manchen Stellen des Dialogs. Um so mehr ist es zu bedauern, daß so manche glückliche, wahre und lehrreiche Scenen dieses Stücks durch die theatralische Vorstellung nicht noch mehr belebt, noch eindringender und wirksamer gemacht werden können. Oder hat der Verf. sein Stück wirklich für die Bühne bestimmt? Soll der Theatermeister die Scene so unzählichemal, und oft um einer Rede von anderthalb oder drittehalb Zeilen willen, (wie S. 16 u. 19) zauberisch verändern? Soll der Schauspieler, der den Prinzen spielt, itzt im Garten einen Namen in den Baum schneiden, und nun gleich in dem nemlichen Augenblicke in seinem Zimmer am Tisch bey der Landkarte sitzen? Soll der Graf der Frau von Biederling das Knie küssen? die Donna Diana in der Kutsche aufs Theater fahren, und Gustav ihnen reitend begegnen? Soll die hogarthische Karikaturscene, (S. 96) die Gesellschaft von schmausendem Pöbel und Bettlern, Lahmen und Blinden, wirklich gespielt werden? ein dicker Kerl (S. 120) die Thür aufrennen? Diana und der Graf auf der Erde liegend, und Gustav in einem Winkel erhenkt erscheinen? Sollen dem Publico die ihm verehrungswürdigen Namen, *Gellert, Wieland, Haller, Michaelis,* durch läppische Anspielungen lächerlich oder verdächtig gemacht werden? Und von wem? Von dem Verfasser, der wahrhaftig noch keinen Namen oder gelehrten Ruhm zu verlieren hat, und daher glaubt, er könne jeden rechtschaffenen Gelehrten bey gesuchten Gelegenheiten ungestraft hohnnecken? Oder sollen der abgeschmackte Bürgermeister in Naumburg und sein eben so abgeschmackter Sohn, der Baccalaureus, in den letzten Scenen des Stücks, in der Sache der Kritik und Vernunft, über den Werth oder Unwerth dramatischer Regeln entscheiden? Soll *Ordnung* und stufenweise Darstellung eines Characters oder einer Handlung, nichts, eine plumpe Zusammenstellung extravaganter Charactere, hingeworfne unausgeführte characteristische Züge, unzusammenhängende Scenen, die, wie Schattenspielgemählde, nur hintereinander in die Laterne gesteckt werden, alles seyn? Gehört etwan ein so großes Genie dazu, ausschweifende Dinge zu machen? Es scheinen dieses einige Leute jetzt so gewiß zu glauben, daß sie, wo sie nur etwas ausschweifendes erblicken, ausrufen: Welch ein Genie! welches Gefühl! welcher *Wurf!* welche *Darstellung!* Und so bald sie Ueberlegung und Zusammenhang erblicken, ausrufen: Welche kalte Seele! welche kahle *Vernunft!* welche schale *Regeln!* welches steife *Brettergerüste!*

Man muß dieses kleine Fieber aber nur austoben lassen. Die jungen Genies werden sich wohl besinnen, wenn sie für *großer Originalität* nach ein Paar Monaten von niemand werden gelesen werden. Der Verfasser dieses *Menoza* selbst scheint sich schon besinnen zu wollen. Es ließ verzweifelt naiv, da er vor einigen Monaten in den *Frankfurter gelehrten Anzeigen,* unter seines Namens Unterschrift, mit dem Publicum darüber rechten wollte, daß demselben dieser *Neue Menoza* nicht gefallen hatte, der, wie Hr. *Lenz* versicherte, so *natürlich* ist, an den er seine ganze *Kunst* verwendet hat. Doch das hilft wirklich nichts. Das Publicum scheint die allzugroße Originalität verschmähen zu wollen, die jetzt der einzige Weg zur Unsterblichkeit in einigen Zeitungsblättern ist.

5.3 Rezension zu *Die Soldaten*

[Anon.:] Die Soldaten, [. . .], in: Almanach der deutschen Musen auf das Jahr 1777. Leipzig, S. 64–65.

Ist das Pathos gleich nicht so stark, als im *Hofmeister* und im *neuen Menoza*, sind der originellen Charaktere gleich nicht so viel, so glänzt doch Herrn Lenzens Originalgenie in Zügen der wahren Natur, in unnachahmlicher Naivetät, in beneidenswerthem Dialog. Er hat sich hier keine grossen, keine sehr zusammengesezten Charaktere gewählt: aber die, die er vorgeführt, so dargestellet, daß sie Leib und Leben haben. Die Soldaten, welche hier auftreten, haben jeder sein Eigenthümliches, vornemlich müssen der Etourdi, der Philosoph, und der Impertinent allgemein gefallen.

[Dies ist die bislang einzig nachgewiesene zeitgenössische Rezension der *Soldaten*.]

5.4 Zwei Dokumente zu Lenz

[Anon.:] Todesfall, in: Litteratur- und Theater-Zeitung, 3/3 (1780), Nr. XXXIII, S. 528:

Vor kurzem starb Johann [!] Reinhold Michael Lenz, Verfasser des Hofmeisters, neuen Menoza, Engländers, der Soldaten u.a.m. Die Karakterzüge seiner Schriften sind edler Freimuth, tiefe Menschenkenntniß, und, die aus beiden entspringt, Verzeihlichkeit zu sehr verlästerter Schwachheiten. Die letzte ist mit einer traurigen Gutmüthigkeit begleitet, die oft meine Rührung, immer meine Zuneigung erhielt. Ich bin nicht aus seiner Schule, und kannte ihn nicht. Die auf beides Anspruch machen, erzählen von einer Melancholie, die sich endlich aller seiner Sinne bemeistert habe, und ich entsinne mich dunkel, eines öffentlichen Frohlockens seiner Feinde. Er hatte gänzlich den Vorurtheilen einer Welt entsagt, woran er keine Reize mehr fand: darum schien er natürlicherweise dem Theilnehmenden sonderbare wo nicht unthunliche Dinge zu reden. Aber ich stehe traurend an seinem Grabe, daß ein Mensch dem andern für seinen Kummer Verachtung, für seine Nachsicht Bitterkeit geben kann.

[Johann Michael Jerzembsky:] [Nachruf], in: Intelligenzblatt der Allgem.[einen] Literatur-Zeitung Nr. 99, 18. August 1792, Sp. 820 f.:

Moskau, den 24. May. Heute starb allhier Jac. Mich. Reinh. *Lenz* der Verfasser *des Hofmeisters, des neuen Menoza* etc. von wenigen betrauret, und von keinem vermißt. Dieser unglückliche Gelehrte, den in der Mitte der schönsten Geisteslaufbahn eine Gemüthskrankheit aufhielt, die seine Kraft lähmte, und den Flug seines Genies hemmte, oder demselben wenigstens eine unordentliche Richtung gab, verlebte den besten Theil seines Lebens in nutzloser Geschäftigkeit, ohne eigentliche Bestimmung. – Von allen verkannt – gegen Mangel und Dürftigkeit kämpfend, entfernt von allem, was ihm theuer war, verlohr er doch nimmer das Gefühl seines Werthes; sein Stolz wurde durch unzählige Demüthigungen noch mehr gereizt, und artete endlich in jenen Troz aus, der gewöhnlich der Gefährte der edlen Armuth ist. Er lebte von Alimosen, aber er nahm nicht von jedem Wohlthaten an – und wurde beleidigt, wenn man ihm ungefordert Geld oder Unterstützung anbot, da doch seine Gestalt und sein ganzes Aeussere die dringendste Aufforderung zur Wohlthätigkeit waren. Eine genauere Schilderung seiner letzten Lebensjahre müste äusserst interessant in psychologischer und moralischer Hinsicht seyn – und der Concipient dieser Nachricht wird vielleicht diesen Gedanken realisiren, wenn es Zeit und Geschäfte erlauben.

Er wurde 41 Jahr alt, und ist auf Unkosten eines großmüthigen russischen Edelmanns, in dessen Hause er auch lange Zeit gelebt hat, begraben worden.

6 Literaturverzeichnis

Quellen

Lenz, Jacob Michael Reinhold: Der neue Menoza. Eine Komödie. Text u. Materialien zur Interpretation besorgt v. Walter Hinck. Berlin 1965 (= Komedia Bd. 9).

Lenz, Jakob Michael Reinhold: Der neue Menoza. Oder Geschichte des cumbanischen Prinzen Tandi. Text u. Materialien hg. v. Erich Unglaub. München 1987.

Ders.: Gesammelte Werke in vier Bänden. Mit Anm. hg. v. Richard Daunicht. Bd. I: Dramen I [mehr nicht erschienen]. München 1967.

Ders.: Pandämonium Germanikum. Synoptische Ausgabe beider Handschriften. Mit einem Nachwort hg. v. Matthias Luserke u. Christoph Weiß. St. Ingbert 1992 [= Kleines Archiv des achtzehnten Jahrhunderts Bd. 17].

Ders.: Werke und Briefe in drei Bänden. Hg. v. Sigrid Damm. München, Wien 1987. [Jetzt auch als Taschenbuchausgabe: Frankfurt a. M. 1992]. [Zit. als: WuB]

Lenz, J. M. R.: Der Hofmeister. Synoptische Ausgabe v. Handschrift u. Erstdruck hg. v. Michael Kohlenbach. Basel, Frankfurt a. M. 1986.

Allgemeine deutsche Bibliothek Bd. 40/1 (1780), S. 309.

Dass. Bd. 40/2 (1780), S. 628.

[Anon.:] [Rez. v.:] Allgemeine deutsche Bibliothek Bd. 44 (1780), in: *Nürnbergische gelehrte Zeitung auf das Jahr 1781*, St. 104, S. 219–221.

[Anon.:] „Der Hofmeister", in: *Olla Potrida* (1779) Nr. 4, S. 313.

Aristoteles: Poetik. Griechisch/Deutsch. Übers. u. hg. v. Manfred Fuhrmann. Stuttgart 1984.

Büsching, Anton Friedrich: A.F.B's Unterricht für Informatoren und Hofmeister. Zweyte verbesserte Ausgabe. Leipzig 1802 [¹1760]

Goethe, Johann Wolfgang: Sämtliche Werke nach Epochen seines Schaffens. Münchner Ausgabe Bd. 1.1 u. 1.2: Der junge Goethe 1757–1775. Hg. v. Gerhard Sauder. München, Wien 1985 u. 1987. [Zit. als: MA]

Ders.: Dass.: Bd. 16: Aus meinem Leben. Dichtung und Wahrheit. Hg. v. Peter Sprengel. Ebd. 1985.

Herder, Johann Gottfried: Sämtliche Werke. Hg. v. Bernhard Suphan. Bd. IV. Berlin 1878 [Repr. Hildesheim, New York o. J.].

[Horaz]: Ars poetica/Die Dichtkunst. Lat. u. dt. Übers. u. m. einem Nachw. hg. v. Eckart Schäfer. Stuttgart 1972.

Hupel, August Wilhelm: Idiotikon der deutschen Sprache in Lief- und Ehstland [!]. Nebst eingestreuten Winken für Liebhaber. Riga 1795 [Repr. Zwickau o. J. (ca. 1972)].

Knigge, Adolph Freiherrr von: Über den Umgang mit Menschen. Hg. v. Gert Ueding. Mit Illustrationen v. Chodowiecki u. anderen. Frankfurt a. M. 1987 [¹1788].

Lessing, Gotthold Ephraim: Werke und Briefe Bd. 6: Werke 1767–1769. Hg. v. Klaus Bohnen. Frankfurt a. M. 1985.

Pleschtschejew, Sergei: Übersicht des Russischen Reichs nach seiner gegenwärtigen neu eingerichteten Verfassung. Aus dem Russischen übersetzt von J. M. R. Lenz [Moskau 1787]. Mit einem Nachwort von Matthias Luserke u. Christoph Weiß. Repr. Hildesheim, Zürich, New York 1992.

Rutschky, Katharina (Hg.): Schwarze Pädagogik. Quellen zur Naturgeschichte der bürgerlichen Erziehung. Mit 41 Abb. Frankfurt a. M., Berlin 1988.

Sturm und Drang. Ein Lesebuch für unsere Zeit. Mit 10 Abb. Hg. v. Peter Müller. Berlin 1992.

Sturm und Drang. Weltanschauliche und ästhetische Schriften. Hg. v. Peter Müller. 2 Bde. Berlin, Weimar 1978.

Vom Laienurteil zum Kunstgefühl. Texte zur deutschen Geschmacksdebatte im 18. Jahrhundert. Ausgew. u. m. einer Einl. hg. v. Alexander von Bormann. Tübingen 1974.

W.[ieland, Christoph Martin:] [Rez. zu *Anmerkungen übers Theater*] Zusaz des Herausgebers, in: *Der Teutsche Merkur* 1775, Erstes Vierteljahr, S. 95 f.

Forschungsliteratur

Adorno, Theodor W.: Gesammelte Schriften Bd. 3: Max Horkheimer u. Theodor W. Adorno: Dialektik der Aufklärung. Philosophische Fragmente. Frankfurt a. M. 1984 [¹1944].

Balet, Leo u. E. Gerhard: Die Verbürgerlichung der deutschen Kunst, Literatur und Musik im 18. Jahrhundert. Hg. u. eingel. v. Gert Mattenklott. 2. Aufl. Frankfurt a. M., Berlin, Wien 1981 [¹1936].

Becker-Cantarino, Barbara: Jakob Michael Reinhold Lenz: *Der Hofmeister*, in: Interpretationen. Dramen des Sturm und Drang. Stuttgart 1987, S. 33–55.

Dies.: Sophie von La Roche, in: Deutsche Dichter Bd. 3: Aufklärung und Empfindsamkeit. Stuttgart 1988, S. 247–253.

Bohnen, Klaus: Irrtum als dramatische Sprachfigur. Sozialzerfall und Erziehungsdebatte in J. M. R. Lenz' *Hofmeister*, in: *Orbis Litterarum* 42 (1987), S. 317–331.

Bovenschen, Silvia: Die imaginierte Weiblichkeit. Exemplarische Untersuchungen zu kulturgeschichtlichen und literarischen Präsentationsformen des Weiblichen. Frankfurt a. M. 1979.

Bruford, Walter H.: Die gesellschaftlichen Grundlagen der Goethezeit. Mit Literaturhinweisen von Reinhardt Habel. Frankfurt a. M., Berlin, Wien 1979 [[1]1936].

Damm, Sigrid: Vögel, die verkünden Land. Das Leben des Jakob Michael Reinhold Lenz. Berlin, Weimar 1985. [Jetzt auch als Taschenbuchausgabe: Frankfurt a. M. 1992].

Daunicht, Richard: J.M.R. Lenz und Wieland. [Diss.] Dresden 1942.

Die Religion in Geschichte und Gegenwart. Handwörterbuch für Theologie u. Religionswissenschaft. 3., völlig neu bearb. Aufl. Hg. v. Kurt Galling. Bd. I Tübingen 1957. [Zit als: [3]RGG]

Diffey, Norman R.: Jakob Michael Reinhold Lenz and Jean-Jacques Rousseau, Bonn 1981.

Duncan, Bruce: The Comic Structure of Lenz's *Soldaten*, in: *MLN* 91 (1976), S. 515–523.

Eibl, Karl: ‚Realismus' als Widerlegung von Literatur. Dargestellt am Beispiel von Lenz' *Hofmeister*, in: *Poetica* 6 (1974), S. 456–467.

Engelsing, Rolf: Analphabetentum und Lektüre. Zur Sozialgeschichte des Lesens in Deutschland zwischen feudaler und industrieller Gesellschaft. Stuttgart 1973.

Ders.: Der Bürger als Leser. Lesergeschichte in Deutschland 1500–1800. Stuttgart 1974.

Erläuterungen und Dokumente: Jakob Michael Reinhold Lenz: Der Hofmeister oder Vorteile der Privaterziehung. Hg. v. Friedrich Voit. Stuttgart 1986.

Dass.: J. M. R. Lenz: Die Soldaten. Hg. v. Herbert Krämer. Stuttgart 1982.

Fertig, Ludwig: Die Hofmeister. Ein Beitrag zur Geschichte des Lehrerstandes und der bürgerlichen Intelligenz. Mit 14 Quellenschriften u. 1 Abb. Stuttgart 1979.

Foucault, Michel: Die Ordnung des Diskurses. Aus d. Franz. v. Walter Seitter. Mit einem Essay v. Ralf Konersmann. Frankfurt a. M. 1991 [[1]1972].

Ders.: Sexualität und Wahrheit Bd. 1: Der Wille zum Wissen. Übers. v. Ulrich Raulff u. Walter Seitter. Frankfurt a. M. 1986 [[1]1976].

Genton, Elisabeth: Jacob Michael Reinhold Lenz et la scène allemande. O. O. [Paris] 1966.

Gerth, Klaus: „Vergnügen ohne Geschmack". J. M. R. Lenz' ‚Menoza' als parodistisches „Püppelspiel", in: *Jb. d. Freien Deutschen Hochstifts* 1988, S. 35–56.

Girard, René: Lenz 1751–1792. Genèse d'une dramaturgie du tragi-comique. Paris 1968.

Ders.: Lenz ou l'inquiétante étrangeté, in: *Etudes Germaniques* 43 (1988), S. 15–24.

Glantschnig, Helga: Liebe als Dressur. Kindererziehung in der Aufklärung. Frankfurt a. M. 1987.

Glaser, Horst Albert: Heteroklisie – der Fall Lenz, in: Gestaltungsgeschichte und Gesellschaftsgeschichte. Literatur-, kunst- und musikwissenschaftliche Studien. In Zusammenarbeit mit Käte Hamburger hg. v. Helmut Kreuzer. Stuttgart 1969, S. 132–151.

Ders.: Überlegungen eines Herausgebers. Zu methodologischen Problemen neuerer Literaturgeschichtsschreibung, in: *Comparatistica* 3 (1991), S. 127–137.

Grathoff, Dirk: Literarhistorische Ungleichzeitigkeiten: Der ‚Hofmeister' von Lenz zu Brecht – ein Rückschritt im Fortschritt, in: Ders. (Hg.): Studien zur Ästhetik und Literaturgeschichte der Kunstperiode. Frankfurt a. M., Bern, New York 1985, S. 163–207.

Gundolf, Friedrich: Shakespeare und der deutsche Geist. 11. Aufl. München, Düsseldorf 1959 [¹1911].

Guthke, Karl S.: Geschichte und Poetik der deutschen Tragikomödie. Göttingen 1961.

Guthrie, John: Revision und Rezeption: Lenz und sein *Hofmeister,* in: *ZfdPh* 110/2 (1991), S. 181–201.

Herrmann, Hans Peter: Sozialgeschichte oder Kunstautonomie? Zur Problematik neuerer Geschichten der deutschen Literatur, in: Kritik der Sozialgeschichtsschreibung. Zur Diskussion gegenwärtiger Konzepte. Hg. v. Rüdiger Scholz. Hamburg 1990, S. 173–214.

Hinck, Walter: Das deutsche Lustspiel des 17. und 18. Jahrhunderts und die italienische Komödie. Commedia dell'arte und Théâtre Italien. Stuttgart 1965.

Ders. (Hg.): Sturm und Drang. Ein literaturwissenschaftliches Studienbuch. Kronberg/Ts. 1978.

Hohoff, Curt: Jakob Michael Reinhold Lenz in Selbstzeugnissen und Bilddokumenten. Reinbek b. Hamburg 1977.

Huyssen, Andreas: Drama des Sturm und Drang. Kommentar zu einer Epoche. München 1980.

Kieffer, Bruce: The Storm and Stress of Language. Linguistic Catastrophe in the Early Works of Goethe, Lenz, Klinger, and Schiller. O. O. [The Pennsylvania State University] 1986.

Kiesel, Helmuth u. Paul Münch: Gesellschaft und Literatur im 18. Jahrhundert. Voraussetzungen und Entstehung des literarischen Marktes in Deutschland. München 1977.

Kließ, Werner: Sturm und Drang. Gerstenberg, Lenz, Klinger, Leisewitz, Wagner, Maler Müller. (= Friedrichs Dramatiker des Welttheaters Bd. 25). Velber b. Hannover 1966.

Koneffke, Marianne: Der „natürliche" Mensch in der Komödie „Der neue Menoza" von Jakob Michael Reinhold Lenz. Frankfurt a. M. 1990.

Lappe, Claus O.: Wer hat Gustchens Kind gezeugt? Zeitstruktur und Rollenspiel in Lenz' Hofmeister, in: DVjs 54 (1980), S. 14–46.

Leidner, Alan C.: The Dream of Identity: Lenz and the Problem of Standpunkt, in: The German Quarterly 59 (1986), S. 387–400.

Lenz-Jahrbuch. Sturm-und-Drang-Studien. Hg. v. Matthias Luserke u. Christoph Weiß in Verbindung mit Gerhard Sauder. Bd. 1 ff., 1991 ff.

Liewerscheidt, Dieter: J. M. R. Lenz „Der Neue Menoza", eine apokalyptische Farce, in: Wirkendes Wort 3 (1983), S. 144–152.

Lützeler, Paul Michael: Jakob Michael Reinhold Lenz: Die Soldaten, in: Interpretationen. Dramen des Sturm und Drang. Stuttgart 1987, S. 129–159.

Luserke, Matthias u. Reiner Marx: Die Anti-Läuffer. Thesen zur SuD-Forschung oder Gedanken neben dem Totenkopf auf der Toilette des Denkers, in: Lenz-Jahrbuch 2 (1992), S. 126–150.

Ders. u. Christoph Weiß: Arbeit an den Vätern. Zu Lenz' Plautus-Bearbeitung „Die Algierer", in: Lenz-Jahrbuch 1 (1991), S. 59–91.

Lyman, Linda Marian: J. M. R. Lenz and the Development of Modern Tragicomedies. [Diss. phil.] Oregon 1975.

Madland, Helga Stipa: Gesture as Evidence of Language Skepticism in Lenz's Der Hofmeister and Die Soldaten, in: German Quarterly 57 (1984), S. 546–557.

Dies.: Non-Aristotelian Drama in Eighteenth Century Germany and its Modernity: J. M. R. Lenz. Bern 1982.

Martini, Fritz: Die Einheit der Konzeption in J. M. R. Lenz' ‚Anmerkungen übers Theater', in: Jb. d. dt. Schiller-Gesellschaft 14 (1970), S. 159–182.

Martino, Alberto: Geschichte der dramatischen Theorien in Deutschland im 18. Jahrhundert, Bd. I: Die Dramaturgie der Aufklärung (1730–1780). Aus d. Ital. v. Wolfgang Proß. Tübingen 1972.

McInnes, Edward: „Ein ungeheures Theater". The Drama of the Sturm und Drang. Frankfurt a. M. 1987.

Ders.: Jakob Michael Reinhold Lenz. Die Soldaten. Text, Materialien, Kommentar. München, Wien 1977.

Meier, Werner: Der Hofmeister in der deutschen Literatur des 18. Jahrhunderts. [Diss.] Zürich 1938.

Müller, Peter: Einleitung, in: Sturm und Drang. Weltanschauliche und ästhetische Schriften. Hg. v. P. M. Berlin, Weimar 1978, Bd. 1, S. XI–
CXXIV.

Parkes, Ford Briton: Epische Elemente in Jakob Michael Reinhold Lenzens
Drama „Der Hofmeister". Göppingen 1973.

Pascal, Roy: Der Sturm und Drang. Autor. dt. Ausg. v. Dieter Zeitz u. Kurt
Mayer. 2. Aufl. Stuttgart 1977 [¹1953].

Pastoors-Hagelüken, Marita: Die „übereilte Comödie". Möglichkeiten und
Problematik einer neuen Dramengattung am Beispiel des „Neuen Menoza" von J. M. R. Lenz. Frankfurt a. M. 1990.

Preuß, Werner Hermann: Selbstkastration oder Zeugung neuer Kreatur. Zum
Problem der moralischen Freiheit in Leben und Werk von J. M. R. Lenz.
Bonn 1983.

Rector, Martin: Götterblick und menschlicher Standpunkt. J. M. R. Lenz'
Komödie Der Neue Menoza als Inszenierung eines Wahrnehmungs-
problems, in: Jb. d. dt. Schillergesellschaft 33 (1989), S. 185–209.

Ders.: La Mettrie und die Folgen. Zur Ambivalenz der Maschinen-Metapher
bei Jakob Michael Reinhold Lenz, in: Willkommen und Abschied der
Maschinen. Literatur und Technik – Bestandsaufnahme eines Themas.
Essen 1988, S. 23–41.

Rosanow, M. N.: Jakob M. R. Lenz der Dichter der Sturm- und Drangperiode.
Sein Leben und seine Werke. Vom Verf. autorisierte u. durchgesehene
Uebersetzung. Dt. v. C. v. Gütschow. Leipzig 1909 [Repr. ebd. 1972].

Rudolf, Ottomar: Jacob Michael Reinhold Lenz. Moralist und Aufklärer.
Bad Homburg v. d. H., Berlin, Zürich 1970.

San-Giorgiu, Jon: Sebastian Merciers dramaturgische Ideen im „Sturm und
Drang". [Diss] Basel 1921 [bes. Kap. II].

Sauder, Gerhard: Die deutsche Literatur des Sturm und Drang, in: Neues
Handbuch der Literaturwissenschaft Bd. 12: Europäische Aufklärung
(II. Teil). Wiesbaden 1984, S. 327–378.

Ders.: Empfindsamkeit. Bd. I: Voraussetzungen und Elemente. Stuttgart
1974; Bd. III: Quellen und Dokumente. Ebd. 1980.

Ders.: Empfindsamkeit – sublimierte Sexualität, in: Empfindsamkeiten. Hg.
v. Klaus P. Hansen. Passau 1990, S. 167–177.

Schaer, Wolfgang: Die Gesellschaft im deutschen bürgerlichen Drama des
18. Jahrhunderts. Grundlagen und Bedrohung im Spiegel der dramatischen Literatur. Bonn 1963.

Scherpe, Klaus R.: Dichterische Erkenntnis und ‚Projektemacherei'. Widersprüche im Werk von J. M. R. Lenz, in: Goethe-Jahrbuch 94 (1977),
S. 206–235.

Schikorsky, Isa: „Pflanzschulen" für Staat und Militär. Zu einem Typus
Hoher Schulen im 18. Jahrhundert, in: Das achtzehnte Jahrhundert 15/
2 (1991), S. 170–186.

Schöne, Albrecht: Säkularisation als sprachbildende Kraft. Studien zur Dichtung deutscher Pfarrersöhne. Göttingen 1958 [bes. Teil III].

Schmiedt, Helmut: Wie revolutionär ist das Drama des Sturm und Drang, in: *Jb. d. dt. Schillergesellschaft* 29 (1985), S. 48–61.

Schröder, Gerhart: Logos und List. Zur Entstehung der Ästhetik in der frühen Neuzeit. Königstein/Ts. 1985.

Schwarz, Hans-Günther: Dasein und Realität. Theorie und Praxis des Realismus bei J. M. R. Lenz. Bonn 1985.

Sørensen, Bengt Algot: Herrschaft und Zärtlichkeit. Der Patriarchalismus und das Drama im 18. Jahrhundert. München 1984.

Stammler, Wolfgang: ‚Der Hofmeister‘ von Jakob Michael Reinhold Lenz. Ein Beitrag zur Literaturgeschichte des 18. Jahrhunderts. Halle a. d. S. 1908.

Stephan, Inge u. Hans-Gerd Winter: „Ein vorübergehendes Meteor?" J. M. R. Lenz und seine Rezeption in Deutschland. Stuttgart 1984.

Stockmeyer, Clara: Soziale Probleme im Drama des Sturmes und Dranges. Eine literarhistorische Studie. Frankfurt a. M. 1922.

Sturm und Drang. Hg. v. Manfred Wacker. Darmstadt 1985. [Mit sehr gutem weiterführendem Literaturverzeichnis!]

Sturm und Drang. Erläuterungen zur deutschen Literatur. Hg. v. Kollektiv für Literaturgeschichte. 7. Aufl. Berlin[-Ost] 1988.

Thomke, Hellmut: Sturm und Drang, in: Reallexikon der deutschen Literaturgeschichte. 2. Aufl. Berlin, New York 1984, Bd. 4, S. 278–296.

Titel, Britta: „Nachahmung der Natur" als Prinzip dramatischer Gestaltung bei Jakob Michael Reinhold Lenz. [Diss. masch.] Frankfurt a. M. 1963.

Unglaub, Erich: „Das mit den Fingern deutende Publicum". Das Bild des Dichters Jakob Michael Reinhold Lenz in der literarischen Öffentlichkeit 1770–1814. Frankfurt a. M. 1983.

Ders.: Ein neuer Menoza? Die Komödie *Der neue Menoza* von Jakob Michael Reinhold Lenz und der *Menoza*-Roman von Erik Pontoppidan, in: *Orbis litterarum* 44 (1989), S. 10–47.

Wehler, Hans-Ulrich: Deutsche Gesellschaftsgeschichte. 1. Bd.: Vom Feudalismus des Alten Reiches bis zur Defensiven Modernisierung der Reformära 1700–1815. München 1987.

Weißhaupt, Winfried: Europa sieht sich mit fremdem Blick. Werke nach dem Schema der „Lettres persanes" in der europäischen, insbesondere der deutschen Literatur des 18. Jahrhunderts. Teil 2/2: Texte in deutscher Sprache. Frankfurt a. M. 1979 [bes. S. 206–221].

Werner, Franz: Soziale Unfreiheit und ‚bürgerliche Intelligenz‘ im 18. Jahrhundert. Der organisierende Gesichtspunkt in J. M. R. Lenzens Drama ‚Der Hofmeister oder Vorteile der Privaterziehung‘. Frankfurt a. M. 1981.

Wiegmann, Hermann: Geschichte der Poetik. Ein Abriß. Stuttgart 1977.

Wiessmeyer, Monika: Gesellschaftskritik in der Tragikomödie: *Der Hof-meister* (1774) und *Die Soldaten* (1776) von J. M. R. Lenz, in: *New German Review* 2 (1986), S. 55–68.

Winter, Hans-Gerd: J. M. R. Lenz. Stuttgart 1987.

Wirtz, Thomas: „Halt's Maul". Anmerkungen zur Sprachlosigkeit bei J. M. R. Lenz, in: *DU* 41/6 (1989), S. 88–107.

Wurst, Karin A. (Hg.): J. R. M. [!] Lenz als Alternative? Positionsanalysen zum 200. Todestag. Hg. u. eingeleitet v. K. A. W. Köln, Weimar, Wien 1992.

Zelle, Carsten: Ist es eine Komödie? Ist es eine Tragödie? Drei Bemerkun-gen dazu, was bei Lenz gespielt wird, in: J. R. M. Lenz. Positionsanalysen zum 200. Todestag. Hg. v. Karin A. Wurst. Köln, Weimar, Wien 1992, S. 138–157.

Register